CHAMBRE DE COMMERCE DE METZ

ENQUÊTE

SUR

LES PRINCIPES ET LES FAITS GÉNÉRAUX

QUI RÉGISSENT LA

CIRCULATION MONÉTAIRE ET FIDUCIAIRE

METZ

F. BLANC, IMPRIMEUR DE LA CHAMBRE DE COMMERCE

1865

ENQUÊTE

SUR

LES PRINCIPES ET LES FAITS GÉNÉRAUX

QUI RÉGISSENT LA

CIRCULATION MONÉTAIRE ET FIDUCIAIRE

METZ

F. BLANC, IMPRIMEUR DE LA CHAMBRE DE COMMERCE

1865

CHAMBRE DE COMMERCE DE METZ.

Par sa circulaire en date du 24 janvier 1865, M. le Ministre de l'agriculture, du commerce et des travaux publics a invité les Chambres de commerce à choisir des délégués chargés de les représenter devant la *Commission d'enquête sur l'ensemble des principes et des faits qui agissent sur la circulation monétaire et fiduciaire.*

En conséquence, la Chambre de commerce de Metz, dans sa séance du 10 février, délibérant sur la question, et avant de procéder au choix de ses délégués, pose les principes suivants :

1º Maintien de l'unité de la Banque de France ;

2º Possession d'un capital toujours en harmonie avec les nécessités de la Banque et du commerce ;

3º Faculté de faire varier le taux de l'escompte, suivant les circonstances commerciales.

Ces principes devant être considérés comme instructions à suivre par les mandataires de la Chambre, elle les laisse d'ailleurs libres d'obéir à leur initiative particulière dans les questions d'un ordre secondaire.

Procédant ensuite au choix de ses délégués, elle désigne M. Émile Bouchotte, l'un de ses membres, et M. Justin Worms, banquier à Metz.

Dans ses séances des 18, 24 avril et 3 mai, la Chambre entend et discute les rapports de ses délégués, sur les questions soumises à l'enquête. Bien qu'elle reconnaisse qu'il existe dans les mémoires qui lui sont lus des divergences dans l'appréciation de la marche suivie par la Banque de France, reconnaissant en même temps que les opinions émises ne s'écartent en rien des principes généraux qu'elle-même a adoptés, la Chambre décide (séance du 3 mai 1865) que les deux mémoires seront imprimés et adressés à la Commission d'enquête avec la présente délibération.

ENQUÊTE

SUR

LES PRINCIPES ET LES FAITS GÉNÉRAUX

QUI RÉGISSENT LA

CIRCULATION MONÉTAIRE ET FIDUCIAIRE.

MÉMOIRE DE M. ÉMILE BOUCHOTTE.

Monsieur le Président et Messieurs les Membres
de la Chambre de commerce de Metz,

Vous m'avez fait l'honneur de me désigner pour l'un
de vos délégués, à l'occasion de l'Enquête touchant la
circulation monétaire et fiduciaire.

Ma santé ne me permettant pas de me présenter devant la Commission du Conseil supérieur du commerce,
chargée de recueillir les informations sur cette question,
je crois devoir vous soumettre quelques observations
concernant l'organisation de la Banque de France, et les
réponses que je propose à la plupart des questions de
l'Enquête.

Avant de répondre à l'Enquête, on est naturellement conduit à se faire cette question :

Qui donc a provoqué cette enquête solennelle?

Il paraît évident que c'est le livre de M. Isaac Péreire, intitulé : *Principes de la constitution des banques et de l'organisation du crédit.*

C'est ce livre, ce nous semble, qui, le premier, a soulevé la question du crédit; les réclamations d'un certain nombre de négociants de Paris et d'autres villes, à l'occasion des actes de la Banque de France, ne sont venues que postérieurement s'associer à celles de M. Péreire.

C'est en étudiant son livre qu'on découvrira l'intérêt au nom duquel les réclamants ont agi; car ce livre nous paraît être un drapeau sous lequel sont venus se ranger, pour le combat, tous ceux qui, dans les affaires commerciales, ont des intérêts analogues à ceux du célèbre banquier.

La Banque de France attaquée, s'est déclarée prête à s'expliquer si le gouvernement ordonnait une enquête; l'enquête ordonnée, les signataires des pétitions ont réclamé un délai, ils n'étaient point préparés à soutenir leurs plaintes. Le chef d'attaque seul était prêt, car déjà il avait exposé et développé ses idées avec une grande habileté; à lui seul, il faut le reconnaître, est due l'agitation qui se produit.

Examinons donc son livre, véritable manifeste d'un système nouveau de banque.

Nous croyons qu'on peut le réduire à trois points fondamentaux :

1° Plaintes très-vives, très-amères contre la Banque, qui n'entre point, suffisamment, suivant l'auteur, dans les voies du crédit; qui refuse le prêt à beaucoup de valeurs, qui choisit entre certains négociants, ceux qu'elle veut favoriser de sa confiance;

2º Plaintes contre l'élévation facultative du taux de l'intérêt, en général, et en particulier contre la différence de un pour cent en plus, relativement au taux de l'escompte, que la Banque fait peser sur les valeurs ou effets publics, sur lesquels elle consent à faire des avances ;

3º Proposition d'établir une concurrence à la Banque de France, non par l'octroi à tous de la liberté de créer de la monnaie fiduciaire, mais en admettant un seul ou quelques-uns tout au plus au partage du privilége dont la Banque de France jouit en vertu de la loi de 1857.

Si, pour justifier l'analyse très-succincte que nous venons de faire du livre de M. Péreire, il fallait en extraire quelques passages, nous ne serions embarrassé que du choix. Nous lisons, en effet, pages 9 et 10 :

« Les banques doivent être tenues de fournir au com-
» merce et à l'industrie des capitaux à bon marché.....
» rien ne saurait les dispenser de cette obligation, et
» c'est cependant ce qu'on a fait en cherchant les moyens
» de défendre leur encaisse.

» Il ne sera pas difficile de démontrer que cette idée
» de la défense de l'encaisse est radicalement fausse.... »

Et page 11 :

« On est conduit ainsi à l'examen de l'utilité d'un
» maximum d'intérêt à prescrire dans le système du mo-
» nopole...... »

Page 40 :

« La Banque n'a d'autre motif d'élever le taux de l'in-
» térêt que la diminution de son encaisse...... »

Et plus bas :

« Nous sommes loin de nier l'effet que doit produire
» dans un temps donné l'élévation du taux de l'intérêt sur
» la réduction du chiffre des escomptes et, par suite, sur
» une élévation correspondante de l'encaisse métallique.

» Cet effet, toutefois, est loin d'être aussi prompt, aussi
» certain que l'affirme M. de Germiny, et l'expérience que
» nous venons de faire l'atteste suffisamment, puisque le
» résultat s'est fait attendre depuis le 8 octobre 1863
» jusqu'à ce jour, bien que pendant cette longue période
» le taux de l'escompte se soit constamment maintenu
» entre 7 et 8 p. %. »
Page 131 :

« L'abaissement du taux de l'intérêt est désirable au
» point de vue de la hausse de toutes les valeurs, de
» l'amélioration du crédit public et, par suite, de la
» diminution des impôts. »
Après ces extraits, qui font connaître les plaintes que
soulève dans l'esprit de M. Péreire l'élévation du taux
de l'intérêt, montrons aussi, par de courtes citations,
ce qu'il dit du refus de la Banque de faire des avances
sur certains effets publics.
A la page 11 nous trouvons ce paragraphe, qui nous a
paru très-significatif et sur lequel nous appelons toute
l'attention du lecteur :

« Il sera surtout essentiel de se rendre compte de la
» dépréciation des titres d'actions et obligations des
» grandes entreprises d'utilité publique et du nombre de
» ces titres qui sont flottants sur le marché. Il ne le sera
» pas moins de rechercher si cette dépréciation provient
» uniquement de leur abondance ou de l'abandon dans
» lequel ils ont été laissés par la Banque. »
Nous lisons encore page 13 :

« Le dernier rapport de la Banque constate que les
» avances sur les effets publics et chemins de fer n'attei-
» gnent pas, pour 1864, la moitié du chiffre qu'elles
» représentaient en 1863. »
Nous terminerons par l'extrait suivant, qui dévoile,
suivant nous, le fond de la pensée de l'auteur, page 19 :

« N'y a-t-il pas matière à réflexion dans l'existence
» d'un monopole...... en vertu duquel il est permis à
» un petit nombre d'administrateurs irresponsables, de
» régler...... d'augmenter ou de diminuer, à leur gré,
» les crédits à accorder à telle ou telle branche de pro-
» duction, à tel ou tel individu...... d'exercer enfin une
» influence dominatrice sur le cours de tous les fonds
» publics, de toutes les valeurs.....? »

N'allons pas plus loin, pour le moment, et discutons
la valeur des objections présentées contre la manière
dont la Banque de France remplit ses obligations envers
le public.

Mais, cherchons d'abord à nous rendre compte de la
nature du billet de banque proprement dit, de cette
monnaie fiduciaire qui, si elle est acceptée presque
toujours et presque partout comme argent, pour ne pas
dire toujours et partout, n'est, en réalité, qu'une promesse de payement en espèces métalliques ; cet examen
nous semble poser la question dans son vrai jour.

DE LA RAISON D'ÊTRE DU BILLET DE BANQUE.

Un produit utile, ayant cours au marché, est créé ;
mais le producteur y a épuisé toutes ses ressources ; pour
lui, impossibilité matérielle de fabriquer un nouveau
produit s'il ne trouve immédiatement à vendre celui qu'il
vient de terminer, s'il ne peut, par ce moyen, rentrer
dans les avances qu'il a faites. Cependant son produit
trouve un acheteur ; mais cet acheteur, ne pouvant
payer sur-le-champ le prix convenu, donne en échange
de l'objet son engagement écrit de le payer après trois
mois expirés.

Le premier producteur serait donc, trois mois encore,
réduit à l'inaction, à moins qu'il ne trouvât à emprunter

l'argent dont il a besoin. Un prêteur se présente qui, reconnaissant dans la promesse de payement de l'acheteur l'attestation qu'un produit a été créé, que ce produit a une valeur sur le marché des échanges, ce prêteur fait l'avance du montant du billet, et place ainsi ses fonds à un intérêt déterminé, le plus ordinairement escompté, c'est-à-dire déduit de la valeur du billet, et suivant son échéance plus ou moins éloignée. Le premier producteur rentre alors dans ses avances, et peut ainsi recommencer à produire immédiatement. Ce n'est pas tout. Le prêteur, le banquier, si l'on veut, qui a avancé des fonds sur le billet portant à la fois la signature de l'acheteur, qui reconnaît sa dette, et celle du fabricant, qui, par ce procédé, cède au banquier escompteur ses droits de recouvrement à l'échéance, le banquier, disons-nous, aurait bientôt épuisé sa caisse en multipliant de pareilles opérations, s'il ne connaissait un moyen de renouveler son encaisse au fur et à mesure de ses placements, pour lui, source de bénéfices. Il a lui-même recours à une banque d'un ordre plus élevé, à l'un de ces grands établissements ayant un caractère public, fondé à l'aide de capitaux nombreux, dès longtemps accumulés par l'épargne, et réunis en vue de venir en aide au crédit commercial.

Et cet établissement de banque, raisonnant comme le banquier, voyant dans le billet escompté et portant la signature de l'escompteur, qui cède ses droits de recouvrement à la Banque, qu'un produit a été créé, que ce produit a été accepté par le commerce, qu'il a, par conséquent, une valeur commerciale, le grand établissement reconnaissant, en outre, que le banquier présentateur a avancé des fonds sur le billet et témoigné ainsi qu'il a confiance dans la sincérité de l'opération des deux premiers contractants, la grande banque, disons-nous, rembourse à l'escompteur le montant du billet en question, moyennant un intérêt qu'elle-même prélève par l'escompte. Elle fait ainsi une opération utile, puisqu'elle concourt à faire renouveler cinq ou six fois, plus, peut-être, la production, dans l'espace de temps où, avec les moyens ordinaires, une seule production aurait été possible ; elle a donné crédit à l'industrie. On conçoit qu'elle ait intérêt à renouveler ses opérations, puisqu'elle y trouve le placement de capitaux qui étaient sans emploi. Cependant elle ne tarderait pas à épuiser elle-même l'argent qu'elle a dans ses caisses, si elle ne trouvait le moyen d'accroître ses ressources monétaires ; elle le fait à l'aide d'un artifice, elle le fait par la création d'une monnaie fiduciaire, d'un *papier-promesse*, payable à vue, lequel trouve sa garantie et dans les espèces que la Banque a soin de conserver en réserve dans ses caisses, et dans son portefeuille, qui renferme les billets qu'elle a escomptés, et aussi dans les diverses valeurs qui forment ou complètent son capital.

Les considérations suivantes feront juger de la sécurité que la Banque doit inspirer aux porteurs de ses billets.

Le billet de banque n'est émis que lorsqu'un effet, portant au moins trois signatures, vient attester qu'une chose utile a été produite et mise en circulation, et l'effet escompté doit être payé à trois mois de sa date pour le plus long terme d'échéance.

Il est donc certain qu'en supposant même que les opérations de la Banque ne fussent point appuyées sur un encaisse en numéraire métallique, le plus grand inconvénient auquel les porteurs de billets seraient exposés ne dépasserait pas la nécessité d'attendre, en cas de suspension des payements, l'expiration des trois mois de terme accordés par la Banque pour le recouvrement des effets qu'elle a en portefeuille. Encore ce serait un terme extrême, car la moyenne des échéances est de quarante-cinq jours.

Pour justifier cette proposition, rappelons ici ce qui s'est passé lors de la révolution de février 1848 ; c'est le péril le plus grand que la Banque ait couru et le témoignage le plus favorable de la solidité de cet établissement, bien qu'à cette époque le cours forcé de ses billets ait été décrété par le gouvernement.

Nous lisons dans le rapport de M. d'Argout, gouverneur de la Banque, sur la crise de 1848, le passage suivant (rapport adressé au ministre des finances) :

« ..... Du 26 février au 14 mars, l'encaisse de Paris
» a diminué de 140 millions à 70 millions.... de nou-
» veaux guichets d'échange ont été ouverts pour accé-
» lérer le service ; aujourd'hui (15 mars), plus de 10
» millions ont été payés en numéraire ; il ne reste ce
» soir, à Paris, que 59 millions ; demain la foule sera
» plus considérable ; encore quelques jours et la Banque
» sera entièrement dépouillée d'espèces.

» Il était temps de prendre un parti, ajoute le compte
» rendu, mais lequel ? la Banque devait-elle s'arrêter et
» liquider ? l'opération eût été facile.... en moins de
» deux mois tous les créanciers eussent été remboursés.
» Si elle n'avait eu à songer qu'à ses propres intérêts,
» peut-être eût-elle préféré cette combinaison... »

On le voit, la Banque était certaine de rembourser tous ses créanciers en moins de deux mois.

Mais, dira-t-on, si la Banque n'était pas elle-même remboursée de ses avances, il y aurait donc perte pour les porteurs ?

D'abord, l'intérêt que la Banque prélève sur ses avances constitue un bénéfice net plus que suffisant pour couvrir et ses frais et les risques de non-rentrées auxquels elle peut être exposée. Mais à quoi se réduisent ces risques? un simple calcul des probabilités va nous le montrer.

On sait que les effets acceptés à l'escompte doivent porter nécessairement trois signatures, dont l'une, au moins, doit paraître certaine aux yeux de la Banque. Chiffrons la valeur de ces signatures et estimons que la meilleure présente un risque qui équivaut à un centième; la suivante un risque d'un vingtième; enfin, que la dernière donne une chance sur dix de non-payement; nous trouverons que le risque couru par la Banque est de

$$\frac{1}{100} \times \frac{1}{20} \times \frac{1}{10} = \frac{1}{20000}.$$

Un vingt-millième, telle est donc la chance à laquelle la Banque est exposée, suivant notre hypothèse, dans la liquidation générale de son portefeuille. Donc un franc sur vingt mille; quatre cent mille francs sur la somme énorme de huit milliards formant le montant de ses avances au commerce dans l'année 1864 qui vient de s'écouler, tandis que son bénéfice pendant cette année a été de plus de cinquante millions de francs.

Mais nous avons, à dessein, considérablement exagéré les risques: ayons recours aux faits, ils montreront de combien nous avons dépassé la réalité.

Le compte rendu du gouverneur de la Banque sur les opérations de l'année 1850, au chapitre des effets en souffrance, dit ce qui suit:

« La liquidation des effets en souffrance offre les plus
» heureux résultats. Au 25 décembre 1849, il restait à
» recouvrer, à Paris et dans les succursales.   8 419 116^f
» En 1850, il a été remboursé. 3 851 925
» A la clôture de l'exercice 1850, il restait
» à percevoir. 4 567 191
» Mais comme il avait été passé par profits et pertes une

» somme de 3 451 532 fr., il en résulte qu'il ne restait à
» recouvrer, au 25 décembre dernier, que 115 659 fr.
» Aujourd'hui, 30 janvier 1851, non-seulement ce solde
» est éteint, mais encore le compte des effets en souf-
» france est devenu créditeur de 91 857 fr. Et le rap-
» porteur ajoute : l'empressement des débiteurs à se
» libérer fait le plus grand honneur à la loyauté du
» commerce français. A Paris, *un seul effet* de commerce
» est tombé en souffrance pendant l'année 1850 ; les
» succursales n'ont éprouvé *aucun* sinistre quelconque. »

Il demeure donc ainsi démontré qu'à la rigueur la Banque exposerait tout au plus les porteurs de ses effets à un retard de payement, si elle opérait sans posséder aucun encaisse. Si cette supposition, de pure théorie, est admise un instant afin d'arriver à une démonstration, il faudrait aussi admettre, comme l'équivalent, cette autre supposition, à savoir : qu'à la rigueur, aussi, tous les effets de commerce, à terme, créés pour les besoins de la production, devraient entrer, *comme espèces,* dans la circulation, sans l'intermédiaire ni des banquiers escompteurs, ni de la Banque de France ; ce qui serait la reconnaissance d'une parfaite bonne foi, d'une parfaite intelligence de la part de tous les négociants.

Si nous ne sommes pas encore arrivés à ce degré si désirable de progrès commercial, il faut toutefois reconnaître que nous en approchons ; car ce n'est plus en théorie, mais en réalité, que nous voyons chaque jour des négociants se faire des payements en billets de commerce pour des sommes importantes, et se couvrir réciproquement avec ce qu'on appelle du *papier fait,* c'est-à-dire souscrit et endossé par des maisons respectables et connues, émettant leurs propres valeurs pour des opérations ayant notoriété.

Cette parfaite bonne foi, cette parfaite intelligence des

affaires, qu'il faudrait admettre chez tous les négociants sans exception, ce sont les banquiers escompteurs qui ont pour mission de les discerner et de les attester en premier lieu; c'est la Banque de France qui, renseignée sur la valeur morale et financière des signataires et des présentateurs d'effets, c'est la Banque de France qui, de sa position supérieure, l'atteste au public. C'est elle qui, par la considération due à son organisation et au personnel des administrateurs qui la dirigent, est en droit de se présenter à la nation tout entière, au nom du commerce, et de lui dire: tous les effets honnêtement créés, au terme extrême de 90 jours, qui m'ont été remis, je les ai acceptés. La notoriété, qu'ils ne pouvaient avoir individuellement, je la remplace par ma notoriété bien établie; en échange de ces effets de commerce, j'ai donné des espèces ou mes propres billets, qui sont des promesses de payement à vue. Acceptez-les avec confiance, car j'ai droit à la confiance que vous accorderiez au commerce entier de la France, agissant solidairement; je le représente dans ce qu'il a de plus digne et de plus intelligent. Et la France répond à la Banque en acceptant ses billets comme espèces, et ses billets circulent comme s'ils étaient, en effet, de la monnaie métallique du meilleur aloi.

Tel est le rôle de la Banque de France, et il était important de l'expliquer, afin de faire comprendre quel puissant intérêt la Banque doit mettre à défendre son encaisse métallique; c'est qu'elle défend ainsi et l'honneur et les intérêts les plus généraux du commerce. Elle doit défendre, à tout prix, son encaisse, car elle ne doit pas être exposée à faillir, disons plus, elle ne doit pas même s'exposer à une gêne; la gêne serait un présage de malheurs publics; la suspension de ses payements, sa liquidation, seraient accompagnées de désastres incalculables.

A QUI LA BANQUE DE FRANCE DOIT-ELLE FAIRE CRÉDIT?

Si nous avons fait avec fidélité l'histoire du billet de banque, nous avons posé les bases des réponses à faire à la plupart des objections adressées au système suivi par la Banque, ainsi qu'aux questions de l'Enquête.

La Banque, dit-on, a manqué à ses devoirs en refusant des avances à certaines valeurs publiques qui lui étaient présentées, ou en ne faisant ces avances qu'en prélevant un intérêt plus élevé que l'escompte ordinaire des effets de commerce.

Il ne faut pas, ce nous semble, une grande puissance de réflexion pour apercevoir que s'il est vrai que le billet de banque représente le produit créé, circulant et payable à une échéance déterminée et assez rapprochée, la Banque manque à sa mission chaque fois qu'elle fait des avances sur d'autres valeurs que sur celles qui représentent la production mobilière. Pourquoi? parce que les autres valeurs, quelle que soit leur solidité, n'ont point d'échéance déterminée. Si la Banque ne devait rechercher que la sécurité de son capital, pourquoi ne prêterait-elle pas sur hypothèques? Elle ne le fait point. L'hypothèque est cependant assise sur des valeurs foncières, tels que terres, prés, forêts, maisons, etc. L'hypothèque a une base impérissable. Oui, ces valeurs sont d'une solidité incontestable, mais il leur manque une condition essentielle pour être admises à la Banque : elles ne sont point réalisables à époques déterminées.

La Banque de France, comme tout banquier, connaît très-bien la différence qui existe entre le capital foncier et le capital de circulation; entre le capital dormant et celui qui se renouvelle incessamment par la production; entre l'outillage et la marchandise. Évidemment c'est au capital-marchandise que la Banque se doit. Nous verrons tout à l'heure si elle a manqué à ses devoirs envers ce capital.

Mais si la Banque ne prête point sur hypothèques; si elle se garde d'immobiliser son propre capital en l'engageant sur des biens-fonds, doit-elle l'immobiliser de préférence en l'engageant sur des valeurs créées par les grandes entreprises industrielles, tels que les chemins de fer, les canaux, ou sur des actions ou obligations, ou même sur les emprunts publics?

Non, disons-le nettement, elle ne le doit point faire. Nous savons, cependant, qu'elle l'a fait dans une certaine mesure; mais ne reconnaît-elle pas elle-même qu'elle a eu tort, puisqu'elle tend à diminuer ses avances sur effets publics, chemins de fer, etc., en élevant à leur sujet le taux de l'intérêt, et qu'elle-même constate, dans son compte rendu des opérations durant l'année 1864, que ces avances n'ont pas atteint la moitié du chiffre où elles avaient été portées en 1863.

Ces effets publics diffèrent-ils essentiellement des biens-fonds? Ne représentent-ils pas des capitaux immobilisés et engagés plus ou moins productivement? Entre quelles mains ces capitaux sont-ils généralement placés? entre les mains des vrais capitalistes, non point entre les mains des commerçants. Ces valeurs peuvent-elles, en effet, être soumises à des transformations industrielles et à des ventes commerciales?

Elles sont créées, il est vrai, pour la plus grande partie, par l'industrie de la haute finance; mais quel est alors le rôle des financiers? Ils réunissent les capitaux, fruits de l'épargne, et les associent pour les immobiliser dans la construction d'un chemin de fer, d'un canal, d'une grande usine, etc. Mais, encore une fois, quelque utile que soit l'entreprise, les capitaux qui l'ont créée n'en sont pas moins des capitaux dormants, immobilisés et qui ont tout à fait perdu le caractère des valeurs réalisables à époques déterminées, valeurs en vue desquelles la Banque a été fondée, et au renouvellement desquelles elle a principalement pour mission de contribuer.

Notre conclusion est donc celle-ci :

La Banque a raison lorsqu'elle repousse toute autre valeur que les valeurs nées de la circulation commerciale ; à notre avis, lorsqu'elle consent à faire des avances sur ce qu'on nomme les effets publics, actions ou obligations diverses, elle s'écarte de l'esprit qui a présidé à sa fondation, elle paralyse ses moyens d'action dans une certaine mesure, au détriment du vrai commerce.

On comprend bien, sans doute, l'intérêt que les effets publics ou actions diverses ont à se placer à la Banque quand ils le peuvent : les titres déposés en certain nombre dans les caisses du grand établissement de crédit deviennent plus rares sur la place et la valeur s'en élève ; avec les écus de la Banque on peut acheter de nouveaux titres ou créer de nouvelles entreprises ; on peut attendre l'occasion de revendre avec bénéfice tout ce qu'on avait retiré du marché des titres. Mais ce n'est point là de la production commerciale, ni une création de nouvelles richesses pour le public, puisqu'il est trop certain qu'à ce jeu, ce que l'un gagne est perdu par l'autre.

LE TAUX DE L'INTÉRÊT DOIT-IL ÊTRE INVARIABLE ?

Mais, nous dit-on, la Banque n'est pas plus favorable au commerce et à l'industrie qu'elle ne l'est à la spéculation sur les effets publics, puisqu'en élevant ses escomptes à 7, 8 et même 10 pour cent, comme elle l'a fait, elle a entravé les affaires et leur a nui. Le commerce a besoin de capitaux à bon marché.

Sans aucun doute des capitaux à bon marché sont toujours désirés par le commerce. Mais c'est ici le lieu d'examiner si, effectivement, la Banque a fait souffrir le commerce autant qu'on l'affirme.

Si nous consultons le tableau général du commerce de la France pendant l'année 1863, nous y voyons que les transactions, calculées en valeurs actuelles, sont supérieures de 814 millions à celles de 1862, et de 1 milliard 236 millions à la moyenne quinquennale.

Le progrès du commerce est donc bien constaté jusque-là ; mais allons plus loin et consultons le dernier compte rendu de la Banque de France, qui nous conduit jusqu'à l'année 1865 ; nous y voyons que l'ensemble de ses opérations, en 1864, s'est élevé à 7 milliards 909 millions ; tandis qu'en 1863, l'ensemble des opérations n'avait donné que 7 milliards 542 millions. Le progrès d'une année à l'autre a donc été de 367 millions.

Mais si l'on compare l'année 1864 à l'année 1854, on trouve que pendant ce laps de dix ans, le progrès dans les opérations commerciales est indiqué par une différence de 4 milliards en faveur de l'année 1864.

Que, si l'on veut connaître le chiffre de l'escompte des effets de commerce, en 1864, on trouve qu'il s'élève à. 6 550 000 000ᶠ
tandis qu'en 1863, il n'a été que de. .   5 688 000 000

différence en faveur de 1864. . . . . .   862 000 000

Donc, de 1863 à 1864, le progrès réel du commerce de la France a été de plus de 860 millions. On voit aussi dans le compte rendu de la Banque, qu'en 1864, le taux moyen de l'escompte a été de 6,51 pour cent, d'où l'on peut déduire que la durée moyenne du prêt a été de quarante et un jours.

Si donc l'augmentation de la production est constatée par les états des douanes, si l'augmentation de la circulation monétaire est constatée par les états de la Banque, comment soutenir que cet établissement a nui au commerce?

La Banque, nous ne pouvons le nier, a pu contrarier certaines opérations financières, sans influence sur la richesse nationale, sur l'activité de la production. Mais il faut en même temps reconnaître que si elle a augmenté l'intérêt de ses avances, c'est qu'elle y a été contrainte par la légitime défense de son encaisse, qu'auraient épuisé des demandes exorbitantes, faites en vue d'opérations qui sortent du cercle des attributions de la Banque. Or, l'encaisse de la Banque ne doit jamais inspirer d'inquiétude; nous en avons dit plus haut les raisons.

S'il y a évidence que le commerce de la France a grandi, ne trouve-t-on pas dans ce fait une explication plausible du manque de numéraire qui se fait parfois sentir? Est-il nécessaire d'avoir recours aux exportations d'argent que ferait le commerce pour le payement obligé en espèces métalliques de certaines marchandises, tels que le blé, le coton, etc?

Les exportations de numéraire se font, sans aucun doute; mais il n'est pas douteux, non plus, qu'elles ne soient bientôt compensées par des importations au moins équivalentes. Cela ressort du tableau général du commerce, et cela est confirmé, d'ailleurs, avec détails dans le livre même de M. Péreire, où il est dit, page 73.

« L'importation du numéraire a été supérieure à l'ex» portation dans les années mêmes où la Banque a élevé
» son escompte. »

Et il justifie avec raison cette exportation (page 75), en écrivant ces lignes:

« C'est sans motif comme sans raison qu'on redoute
» les exportations de numéraire; ces mouvements d'es» pèces sont au contraire un signe de l'activité du tra» vail, une source de prospérité pour l'industrie. Cet

» or, que nous vendons contre les produits qui nous
» sont nécessaires, nous l'avons acheté avec ceux de
» notre sol ou de notre travail.... »

Ici nous sommes parfaitement d'accord avec M. Péreire.

Mais si les causes de la rareté du numéraire ne sont
point externes, il faut bien qu'elles soient internes, et
il ne peut y en avoir d'autre qu'un plus grand développement du travail industriel et commercial. On comprend
facilement, en effet, que tout développement de travail
exige, au moins pour quelque temps, un plus grand capital de roulement; on comprend que tout accroissement d'aisance dans les masses, soit une cause qui fasse
séjourner entre les mains de chacun, pour ses besoins
essentiels ou pour ses plaisirs, une plus grande quantité
de numéraire, et qu'avant que toutes ces sommes par-
tielles se réunissent pour former de nouveaux capitaux
offerts au commerce, il doive s'écouler un certain temps.

C'est durant ce temps que la rareté du numéraire se
fait sentir; c'est durant ce temps qu'elle fait monter le
taux de l'intérêt. Mais la hausse finit par produire son
effet, en hâtant le retour du numéraire dans les mains
qui savent le faire fructifier, et enfin, en ramenant,
comme conséquence, par l'abondance des offres, l'intérêt
de l'argent à un taux normal.

On peut remarquer, d'ailleurs, qu'il n'est pas nécessaire que la disette du numéraire soit considérable pour
qu'une assez forte hausse se fasse sentir. Les denrées de
première nécessité, les céréales, par exemple, n'offrent-
elles pas le même phénomène? N'a-t-on pas vu, pour
une diminution d'un vingtième seulement dans la production, les denrées alimentaires hausser d'un quart de
leur valeur ordinaire, et même dans une plus forte proportion? Or, l'argent est un élément indispensable dans
les affaires, soit pour acquitter des engagements con-

tractés, soit pour produire à nouveau ; on doit s'en procurer à tout prix, car les retards sont suivis des plus fâcheuses conséquences. Il y va du crédit, du ralentissement, sinon de la ruine des maisons de commerce.

Est-il vrai que dans ces cas de rareté, de crise monétaire, le commerce souffre autant qu'on le prétend?

D'abord, un grand nombre de commerçants demeurent à peu près étrangers à ce mouvement, principalement ceux qui sont adonnés au détail. Ils travaillent ou avec leurs propres fonds, ou avec des fonds empruntés à des sources indépendantes de l'influence de la Banque de France. Quant aux industries d'une certaine importance, qui ont une circulation assez considérable, si elles subissent un escompte élevé pour les valeurs qu'elles remettent à la Banque, cet escompte ne pèse point sur toute l'année, mais sur un temps très-court; cela est prouvé par le compte rendu de la Banque. Supposons une surélévation moyenne de 3 pour cent par an; cette différence étant prélevée sur un escompte de trois mois, c'est 3/4 pour cent prélevés durant ce laps de temps. Or, quelle industrie ne renouvelle pas son capital circulant au moins quatre fois par an? Et si chaque renouvellement donne un bénéfice net de 2 pour cent, ce qui produit 8 pour cent par an, quelle est l'affaire qui sera empêchée par la raison que l'escompte aura été surélevé de quatre fois 3/4 pour cent ou de 3 pour cent sur l'année entière? C'est un amoindrissement des avantages qu'on espérait, mais c'est loin d'être une ruine. C'est même, le plus ordinairement, une preuve que les affaires commerciales sont florissantes. Tous ceux qui ont l'habitude des affaires reconnaîtront que notre hypothèse ne comporte que des termes très-modérés.

Nous l'avons déjà dit, le mieux serait d'avoir toujours de l'argent à 3 ou 4 pour cent l'an; mais, lorsque les

circonstances ne s'y prêtent point, tout négociant dira
avec nous que l'important, c'est que le crédit de la
Banque ne soit jamais atteint; qu'elle ait toujours des
fonds à la disposition du commerce; qu'il vaut mieux lui
payer 10 pour cent d'intérêt que de l'exposer à voir ses
billets reçus avec hésitation, et par conséquent dépréciés.

Il est bien entendu qu'en raisonnant ainsi, nous nous
plaçons au point de vue du vrai commerce, et non à
celui des opérations de bourse.

QUEL SERAIT LE SORT D'UNE BANQUE FAISANT CONCURRENCE A LA BANQUE DE FRANCE?

La troisième proposition que nous voulons examiner,
c'est de savoir s'il y aurait utilité de créer de nouveaux
établissements qui jouiraient, comme la Banque de
France, de la faculté d'émettre de la monnaie fiduciaire?

Il nous semble que, pour prouver l'utilité de la mesure,
il eût fallu démontrer d'abord l'impuissance de la Banque
à satisfaire aux besoins du commerce. Or, selon nous,
rien, à cet égard, n'a été démontré, sinon le parti pris
par la Banque de réduire ses avances sur les effets publics.

Nous lisons, en effet, page 204 :

« La Banque d'Angleterre consacre cependant, d'une
» manière permanente, 250 à 300 millions aux avances
» sur fonds publics..., et contribue ainsi puissamment à
» en faciliter le placement régulier; mais ce que nous
» ne comprenons pas, c'est qu'on cherche à stigmatiser
» en masse, par cette accusation de spéculation de bourse,
» les opérations qui se rattachent au crédit public... Ne
» voir qu'un jeu de bourse dans les négociations... qui
» sont le seul moyen d'assurer à ces titres un cours per-
» manent et régulier, c'est prendre l'exception pour la
» règle... Au lieu de médire de ce qu'on devrait respecter,
» au lieu de s'abandonner à ces mauvais sentiments de

» dénigrement et d'antagonisme, ne serait-il pas plus
» simple de reconnaître qu'on est impuissant à mener de
» front le service de l'escompte des effets de commerce
» et celui des avances sur fonds publics?

» La Banque cherche à réduire ces avances par tous
» les moyens, et même par des surcharges d'intérêts.

» Elle constate ainsi la nécessité, l'indispensabilité
» d'un autre établissement qui devrait être spécialement
» chargé de ce service. »

On ne sera pas étonné, d'après notre argumentation précédente, que ce qui fait l'objet des graves reproches adressés à la Banque, soit de notre part l'objet d'une vive approbation. Nous sommes si convaincu que la Banque suit la voie qui lui appartient, en cherchant à réduire ses avances sur fonds publics, que nous voudrions la voir renoncer complétement à ces sortes d'avances, lesquelles, on ne peut s'empêcher d'en faire la réflexion, constituent toujours pour elle un danger, non dans les temps de calme, où tout est facile, mais dans les temps orageux, où tout est difficile. Or, c'est pour les temps difficiles qu'il faut prévoir, c'est lorsque les eaux sont basses qu'il faut travailler aux digues, disait un sage.

M. Péreire veut que la Banque renonce à faire des avances sur les fonds publics et qu'un autre établissement s'en charge!

Soit. C'est bien là notre avis et c'est bien sincèrement que nous formons également le vœu de voir un autre établissement se charger d'un service pour lequel on déclare la Banque impuissante. Qu'un nouvel établissement s'en charge donc, même avec faculté d'émission d'une monnaie fiduciaire, à cette condition, toutefois, que le papier-monnaie nouveau ne ressemblera, ni de près, ni de loin, ni pour la forme, ni pour la couleur, à l'ancien billet de banque. Nous serions très-curieux de voir se faire l'expérience d'une banque travaillant dans ces conditions, prêtant sur fonds publics ou actions industrielles. Mais cette nouvelle banque jouît-elle, au début, d'un encaisse de 500 millions, ne prêtât-elle qu'à deux mois de terme; si l'on se rend compte que les valeurs de toutes sortes, susceptibles de s'adresser au nouvel établissement, ne s'élèvent pas, en France, à moins de 30 milliards, il est facile de prévoir que l'encaisse serait bientôt épuisé, le crédit du nouvel établissement bientôt compromis, et qu'il se verrait engagé dans une impasse d'où il lui serait impossible de sortir.

L'ENQUÊTE[*].

En discutant les propositions qui nous ont paru les plus importantes dans le livre de M. Péreire, nous croyons avoir répondu, au moins indirectement, à la plupart des questions posées par l'Enquête. Quelques-unes, cependant, exigent, croyons-nous, des réponses directes; nous allons les suivre, autant que possible, dans l'ordre où elles sont posées.

DES CRISES MONÉTAIRES.

Questions par numéro d'ordre : 1, 2, 3, 4, 5, 6, 7.

Les crises monétaires tendent-elles à devenir plus fréquentes, plus générales?

Oui, et cela est dû au développement des affaires. C'est une conclusion qu'il faut bien tirer des faits suivants :

De 1849 à 1854 le commerce général de la France avec l'étranger ne s'était pas élevé à plus de   2 856 000 000f
De 1854 à 1859 il s'est élevé à. . . .   4 708 000 000
De 1859 à 1860 il s'est élevé à. . . .   5 935 000 000

[*] Voir le Questionnaire à la suite.

Ainsi, dans une période de quinze années, le commerce français a suivi un mouvement continu ascendant, et l'on voit qu'il a doublé d'importance, si l'on compare les moyennes des périodes quinquennales ; qu'il a triplé, si l'on rapproche les années extrêmes des quinze années étudiées.

Que, si l'on vérifie ce résultat en interrogeant les comptes rendus annuels de la Banque de France, on reconnaît que le mouvement de ce grand établissement a suivi une marche ascendante parallèle, en quelque sorte, à celle du commerce extérieur de la France. Nous voyons, en effet, que si les opérations de la Banque et de ses succursales ne s'élevaient pas dans leur ensemble, en 1849, à plus de 1 milliard 300 millions, elles se sont élevées, en 1864, à près de 8 milliards.

Il est vrai qu'en 1849, on se trouvait, pour ainsi dire, au lendemain des événements de 1848, et que les opérations commerciales étaient singulièrement restreintes. Toutefois, il le faut remarquer, le rapport du gouverneur de la Banque constatait de notables améliorations dans les affaires. *Beaucoup d'affaires s'accomplissent,* disait le rapport, *mais elles se soldent au comptant, mode de payement que l'affluence extraordinaire du numéraire facilite....*

N'était-ce pas constater que l'abondance du numéraire est compagne du faible développement des affaires, et, comme conséquence, que le numéraire doit devenir rare lorsque les affaires se multiplient.

Mais suivons le mouvement de la Banque.

Dans la période quinquennale de 1850 à 1855, la moyenne annuelle des opérations a été de   2 691 000 000ᶠ

De 1855 à 1860 la moyenne a été de   5 633 400 000

De 1860 à 1865 la moyenne a été de   7 226 354 000

Ainsi, l'augmentation moyenne de la deuxième période, relativement à la première, a été de. .   2 931 400 000

L'augmentation de la troisième période, comparée à la deuxième, a été de. 1 603 354 000ᶠ

Enfin, l'augmentation moyenne de la dernière période, comparée à la première, a été de. . . . 4 535 354 000ᶠ

Il devient donc évident que les besoins d'argent du commerce ont grandi de la première à la troisième période, comparées dans leurs moyennes, dans la proportion de un à deux et sept dixièmes. Ils ont même triplé, si on les compare au mouvement général de la Banque de France durant l'année 1864.

Force est donc de reconnaître que c'est la multiplication des affaires qui a causé la rareté relative du numéraire, et que si l'argent a été payé plus cher, c'est par la raison que, comme toute autre marchandise, plus il est nécessaire, plus il est demandé, et plus le prix s'en élève.

Nous sommes donc, ainsi, ramené à notre première proposition : les crises monétaires doivent devenir plus générales et plus fréquentes, en raison de la tendance que les affaires auront toujours à se développer plus rapidement que ne peut s'accroître la somme d'argent qu'elles exigent.

Une des conséquences à tirer de ces faits, c'est que l'intérêt de l'argent doit varier suivant l'emploi plus ou moins grand qu'on a des capitaux, et suivant la confiance plus ou moins grande que le commerce inspire aux capitalistes.

Quant aux exportations d'or et d'argent, nous avons vu que si elles ont pu exercer une certaine influence sur les crises monétaires, cette influence n'a été que passagère ; que la cause réelle et permanente qui agit sur le cours des métaux précieux, c'est l'activité plus ou moins grande du commerce intérieur. Cela résulte, ce nous semble, des considérations que nous avons exposées dans la première partie de ce travail.

8

Y a-t-il eu insuffisance de capitaux ou excès d'entreprises?

Il faut croire qu'il y a eu excès d'entreprises, puisque le développement qu'on leur a donné a produit des embarras financiers, des crises monétaires.

Comment pourrait-il en être autrement? Les particuliers ont-ils des moyens de se rendre exactement compte de l'opportunité de se livrer à telles ou telles spéculations commerciales? Les raisons qui déterminent les entreprises sont générales, agissant sur les uns, elles agissent nécessairement sur les autres, et bientôt il y a encombrement dans la direction où chacun se presse.

9, 10.

Pas plus que l'exportation du numéraire, la constitution des sociétés de crédit n'a été une cause durable de la rareté des capitaux; ces sociétés financières n'ont, en effet, pour objet que de placer les capitaux qu'elles réunissent sous la forme qu'elles croient la plus avantageuse. La même somme de capitaux reste, leur emploi seulement peut différer de leur utilisation précédente.

11.

Il en est de même de la participation des capitaux français aux entreprises étrangères. Cette participation ne peut exercer qu'une influence légère et momentanée, analogue à celle qui résulte des achats de grains ou autres matières à l'étranger. Cela est démontré par la balance qui se maintient en notre faveur dans les importations de numéraire.

12.

Nous ne dirons pas la même chose de la cote, à la
Bourse de Paris, des valeurs et des emprunts étrangers :
en multipliant le nombre de ces valeurs on fait tenir
évidemment une plus grande somme de numéraire en
dehors de la circulation, car ceux qui se livrent au jeu
de bourse doivent avoir en réserve une masse considérable de capitaux toujours prêts à solder les opérations
ou à entrer dans celles qui paraissent favorables à la
spéculation. Le mouvement des capitaux à la Bourse doit
se chiffrer par une somme énorme.

DE LA MONNAIE FIDUCIAIRE.

16, 17.

En parlant du billet de banque nous avons dit notre
pensée sur le rôle et l'utilité de la monnaie fiduciaire.
Nous ajouterons seulement ici que le rôle de cette monnaie tend chaque jour à devenir plus important, parce
que chaque jour le public en comprend mieux les avantages ; chaque jour il s'initie plus complétement aux
opérations de la Banque, et chaque jour voit augmenter
sa confiance dans ce grand établissement de crédit.

Il est d'expérience que là où la Banque a établi des
succursales, la circulation de ses billets s'est étendue
rapidement et que, même dans les campagnes, cette
monnaie se propage, surtout par ses coupures. Les cul-
tivateurs ne font plus, en effet, difficulté d'accepter des
payements en billets de banque.

18.

C'est donc par les billets au porteur et à vue que le
crédit tend à grandir. Quant aux virements, aux comptes

courants et aux chèques, ces moyens, qui ont leur valeur dans les grandes villes de commerce, pour ménager la circulation des espèces, ces moyens y seront longtemps encore confinés; et même dans les villes, ces procédés, qu'on pourrait qualifier d'*elliptiques,* ne sont-ils guère applicables qu'aux grandes maisons de commerce.

Pour s'en convaincre il suffit de réfléchir aux études qu'il faut avoir faites, à l'habitude des affaires qu'il faut avoir acquise, à l'intelligence des opérations commerciales qu'il faut posséder, pour comprendre l'usage de ces divers moyens de crédit.

19.

On demande si la monnaie fiduciaire peut prendre un développement indéfini?

Évidemment non. Il est même bon que l'usage en soit limité. C'est la production industrielle, nous croyons l'avoir démontré, qui doit servir de limite à l'emploi de la monnaie fiduciaire. L'apparition d'un billet de banque signifiant qu'un produit commercialement utile a été créé, c'est ce produit qui sert de fondement à la valeur du billet de banque, car c'est ce produit qui a été l'occasion des engagements commerciaux auxquels le billet de banque est venu se substituer pour leur donner cours de circulation. La production industrielle d'une valeur mobilière est donc la limite naturelle comme la base et la garantie réelle de la monnaie fiduciaire.

DES CONDITIONS D'UNE BONNE MONNAIE FIDUCIAIRE.

20.

Mais serait-il prudent que cette limite fût toujours atteinte? A cet égard, c'est l'état de l'opinion qu'il faut consulter, puisque la valeur du billet de banque est en

raison de la confiance que le public y attache. C'est, en
quelque sorte, l'instruction commerciale de la population
qui doit servir de mesure à la multiplication de la monnaie fiduciaire. Selon nous, il y aurait sagesse à ce que
l'emploi de cette monnaie restât toujours un peu au-
dessous de la limite extrême qu'elle pourrait atteindre ;
car il importe, on doit le sentir, que le billet de banque
soit toujours plutôt demandé qu'offert.

21.

La convertibilité constante des billets est indispensable : nous croyons l'avoir montré, en faisant voir jusqu'à quel point la valeur du billet de banque repose sur
la confiance que le public y attache. La convertibilité
constante est un des éléments essentiels de cette confiance, par conséquent elle est indispensable.

22.

L'unité du billet de banque n'est pas moins nécessaire
pour en faciliter la circulation ; car l'unité c'est la sim-
plicité, c'est la compréhension facile pour tous, c'est la
généralisation. En France, où tout se fait si logique-
ment, le gouvernement seul ayant droit de battre monnaie, un seul établissement doit être en possession du
droit d'émission d'une monnaie fiduciaire.

23.

La pluralité des banques, soit générales, soit à circonscription limitée, aurait de graves inconvénients. Le
plus grave de tous serait la concurrence qui les entraîne-
rait fatalement à sortir des limites de la prudence, par le
besoin de s'enlever réciproquement les affaires, ou par
la nécessité de donner de l'emploi à des capitaux inactifs.

Le public serait amené à discuter incessamment leur situation respective, et, par conséquent, leur crédit baisserait sensiblement. Le moindre échec survenant à l'une d'elles, toutes les autres seraient plus ou moins atteintes, au moins dans l'opinion. La diversité des billets, les différences qui s'introduiraient dans les procédés de fabrication, viendraient en aide à la falsification, soumise, d'ailleurs, à une surveillance moins rigoureuse.

Qu'on ne perde pas de vue les sinistres, si nombreux et si douloureux, qui ont frappé les banques d'émission en Angleterre et en Amérique; qu'on n'oublie pas que, par sa loi de 1844, Sir Robert Peel, le grand ministre, a voulu restreindre le nombre des banques d'émission, et a indiqué sa tendance à les ramener à l'unité.

24.

Des établissements qui émettent des monnaies fiduciaires.

C'est, il faut le dire, sous le rapport du nombre des comptoirs, que la Banque de France donne place à la critique. C'est sous ce rapport, seulement, qu'elle ne satisfait pas à toutes les conditions d'une banque d'émission. En possession d'un privilége qui équivaut à un monopole, et avec justes raisons, elle devrait aller au-devant des besoins, plutôt que d'en attendre la manifestation. C'est ainsi qu'elle justifierait le privilége qu'il importe, dans l'intérêt de tous, de lui conserver; privilége qui profiterait à tous, s'il faisait ce qui convient pour se placer à la portée de tous.

Multiplier les comptoirs ou succursales de la Banque, serait le moyen le plus certain d'assurer la circulation des billets de la Banque, puisqu'ils trouveraient, dans tous les lieux de quelqu'importance, les moyens d'être, à la volonté des porteurs, convertis en espèces métal-

liques. Multiplier les succursales, serait aussi un moyen
d'élever la moralité des négociants, car chacun saurait
que pour avoir crédit à la Banque, il faut apporter dans
les affaires une sévère probité.

26.

Il se manifeste des doutes, en Angleterre même, sur
l'utilité de la séparation du département de l'émission
d'avec celui de l'escompte, et rien, dans l'administration
de la Banque de France, n'a fait sentir, jusqu'à présent,
la nécessité d'avoir recours à une pareille mesure.

27.

La circulation des billets de la Banque de France est
assurée partout où elle a des comptoirs; le cours légal
serait plutôt une cause de méfiance, et, par conséquent,
de dépréciation. Le cours forcé des billets de la Banque
a été décrété en mars 1848, sous l'impression d'une panique qui avait troublé tous les esprits. Est-il bien certain
que cette mesure fût nécessaire? On peut en douter, si
l'on se rappelle qu'à l'exception d'un jour ou deux, les
billets de banque n'ont point cessé de circuler sans perte
au change.

28.

Le nombre de trois signatures est réglementaire pour
la Banque, et nous avons dit plus haut quelles sont les
raisons de sécurité qui doivent faire maintenir ce nombre.

29.

Déjà, nous avons avancé qu'il ne peut exister de règle
absolue pour la limitation de l'émission. Il convient de
laisser cette limitation à la prudence de l'administration.

3

DU FONCTIONNEMENT DE LA BANQUE.

30.

A quel niveau doit être maintenu l'encaisse de la Banque pour assurer la convertibilité des billets ?

On admet généralement qu'une banque d'émission doit conserver dans ses caisses, en espèces, une somme suffisante pour répondre à un tiers des billets qu'elle a mis en circulation. Cette proportion paraît assez grande pour permettre, en cas de panique, de pourvoir au remboursement des billets, en numéraire ; pour donner le temps à la Banque de faire de nouveaux recouvrements ; et, enfin, pour donner le temps à l'opinion de se calmer. Le calcul semble justifier cette prévision, bien qu'il n'ait rien d'absolu, puisqu'il est impossible d'indiquer d'avance quelle sera l'intensité de la crise, ni la mesure de l'empressement que mettra le public à convertir ses billets au porteur en espèces. Cependant, il y a des faits sur lesquels on peut s'appuyer pour établir une probabilité : on a vu que, dans la crise de 1848, la Banque avait dû rembourser jusqu'à 10 millions dans un jour. Admettons une nouvelle crise qui oblige à rembourser jusqu'à 15 millions par jour ; admettons encore que l'émission des billets de banque s'élève à 900 millions ; mais, admettons aussi, comme conséquence nécessaire, que le portefeuille possède 900 millions de francs en effets de commerce, escomptés à l'échéance moyenne de quarante-cinq jours. Dans cette hypothèse, il rentrerait 20 millions par jour, qui suffiraient, et au delà, aux remboursements ; mais, supposons que, vu la crise, il n'en rentre que 10 ; le calcul, établi sur des moyennes, fera voir qu'en soixante jours, la Banque, à l'aide de son encaisse de 300 millions, tiers de 900, et de ses recouvrements, à raison de 10 millions

par jour, aura payé à vue tous ses billets, que sa liquidation sera complète, et qu'elle aura encore 300 millions
de recouvrements à exercer. Il est vrai que, durant ces
soixante jours, elle aura suspendu le service de l'escompte.

Ceci, nous le savons, n'a qu'une valeur théorique, et
n'a d'autre fin que d'établir que, suivant toutes probabilités, un encaisse qui s'élèverait à moitié de l'émission,
mettrait la Banque à l'abri des périls les plus extrêmes.

On ne peut admettre, en effet, qu'un établissement
qui a traversé, sans en être ébranlé, les invasions de
1814 et de 1815, la révolution de juillet 1830 et celle
de février 1848, puisse, désormais, être arrêté dans sa
marche.

31.

Le moyen le plus puissant et le plus justifié par les
faits, pour prévenir les crises, c'est la hausse de l'intérêt
de l'escompte.

32.

Nous venons de dire quel est le rôle et quelle est la
destination du capital de la Banque; mais ce capital doit-
il être accru, et quels seraient les effets de cet accroissement ?

Le capital de la Banque devrait toujours être mis en
rapport avec le développement des affaires du pays et
avec le nombre des établissements secondaires, c'est-à-
dire des succursales que la Banque est tenue de fonder
et d'entretenir dans tous les lieux où les affaires le réclament. Nous croyons donc que, pour atteindre ce but,
un accroissement du capital de la Banque est devenu nécessaire.

33, 34.

Quant à l'aliénation des rentes que la Banque possède, nous estimons qu'il y a utilité qu'elle les conserve à titre de fonds de garantie. Cette garantie, à nos yeux, n'est pas indispensable, elle peut être considérée comme une superfétation ; mais nous nous plaçons, pour raisonner, au point de vue de ceux qui sont le moins initiés au mécanisme de la Banqne. Un jour viendra, sans doute, où ce genre de garantie sera jugé superflu ; on ne peut dire qu'il le soit aujourd'hui.

Si la Banque de France doit augmenter ses ressources pécuniaires, il vaut mieux, selon nous, qu'elle le fasse par la création de nouvelles actions. La demande d'espèces qu'elle ferait ainsi au public, ne troublerait pas plus la situation monétaire de la France qu'une vente de rentes, car, par l'un ou l'autre procédé, les caisses de la Banque puiseraient à la même source ; mais le premier moyen nous semble préférable, par la raison que le marché des fonds publics en serait moins atteint.

35.

Les avances sur dépôt ont l'inconvénient de mettre entre les mains de la Banque un gage qui n'est pas facilement réalisable. Nous l'avons déjà dit et n'insisterons pas davantage.

36.

Oui, l'élévation du taux de l'escompte, nous le répétons, est le seul moyen efficace de maintenir ou de reconstituer l'encaisse. Cette vérité est mise en évidence par l'histoire de la Banque.

37.

Prévenir les variations du taux de l'escompte, ou le maintenir dans certaines limites, est une pure utopie. L'argent est marchandise, cela n'est plus guère contesté par personne, et le loyer de cet agent indispensable de toute entreprise doit varier, comme son abondance ou sa rareté et en raison du besoin qu'on en éprouve.

Si, durant de longues années, l'escompte est resté à peu près immobile à la Banque, c'est que les affaires étaient languissantes en France; elles étaient, du moins, fort éloignées de l'activité qu'elles ont acquise par l'effet des traités de commerce. Cela nous semble démontré.

38.

Il est inutile, par conséquent, de demander s'il est possible d'imposer à une banque privilégiée un taux fixe d'escompte ou même un maximum. Aucune banque, nous sommes porté à le penser, n'accepterait aujourd'hui l'une ou l'autre de ces conditions; ou, si elle le faisait, elle s'exposerait, à la première crise, à se voir arrêtée dans sa marche.

39.

Les petites coupures n'ont, jusqu'à ce jour, présenté aucun inconvénient. Elles ont été acceptées avec empressement par le public; elles offrent l'avantage de le familiariser avec le fonctionnement de la Banque, et d'en faire apprécier l'utilité par un plus grand nombre de personnes. Nous croyons, toutefois, qu'elles ne peuvent exercer qu'une action très-indirecte et assez faible sur la conservation de l'encaisse.

40.

Quant au meilleur moyen de défendre cet encaisse, c'est l'élévation du taux de l'escompte, il faut le répéter, car ce moyen est le moins onéreux pour le commerce. Graduer le taux de l'escompte, en raison des échéances, pourrait devenir une cause d'embarras dans le mouve-ment des banques : la confection des bordereaux serait rendue plus difficile et plus longue ; on ne peut, d'ail-leurs, songer à refuser des bordereaux qui seraient pré-sentés dans les conditions ordinaires de la Banque ; ce serait s'exposer à gêner le commerce et même à com-mettre des injustices envers certaines maisons.

41.

Il est évident que le développement des affaires inter-nationales établit une certaine solidarité entre les en-caisses de toutes les banques d'émission. Le soin que la Banque de France a mis à tenir son escompte dans un certain rapport avec le taux qui se pratiquait en Angle-terre, en est une démonstration.

42.

Les conséquences de cette solidarité sont les mêmes que celles qui existent, par exemple, pour la production agricole : la disette des grains, dans un pays, réagit sur le prix des grains dans les pays producteurs ; le prix de ceux-ci s'élève, parce que des besoins se manifestent au dehors, parce que les demandes se multiplient et rendent la denrée plus rare. Nul ne peut ni empêcher, ni res-treindre les effets de cette solidarité.

En résumé, nous pensons que les attaques dirigées contre la Banque sont fondées sur la résistance de ce grand établissement à augmenter ses avances sur dépôt d'*effets publics* ; que la spéculation seule est blessée dans ses intérêts ; que le commerce et l'industrie, qui sont les véritables producteurs de la richesse nationale, ne sont point ou sont peu intéressés dans la question, attendu que la hausse de l'intérêt des capitaux est presque toujours un signe du développement et de la prospérité des affaires ;

Nous pensons que la Banque rend d'incontestables services au commerce, en lui procurant le crédit dont il a besoin pour le renouvellement de ses opérations ;

Que le privilége dont la Banque jouit doit lui être exceptionnellement maintenu, parce que le monopole qu'elle exerce est pour elle un moyen de solidité, et parce qu'à la solidité de la Banque sont liées la confiance que doivent inspirer ses billets et la sécurité du commerce en général ;

Nous pensons que le monopole de la Banque doit être pour elle une obligation de multiplier ses succursales, non-seulement pour répondre aux besoins du commerce, mais même pour les devancer, et que c'est ainsi qu'elle se popularisera, en aidant au développement de la richesse nationale, sur tous les points du territoire, au moyen du crédit dont elle enseignera les conditions matérielles et morales ;

Nous pensons que si, pour augmenter son influence sur les opérations commerciales, la Banque doit augmenter son capital, le moyen à préférer c'est de faire un nouvel appel au public, en créant de nouvelles actions, lesquelles seront souscrites avec un empressement dont il est impossible de douter ;

Nous pensons que si le capital en rentes sur l'État, qu'elle possède, n'est point absolument nécessaire au crédit de la Banque, il est bon cependant qu'elle le conserve à titre d'arrière-garantie, destinée à assurer la circulation de ses billets, sans qu'il soit possible aux esprits les plus susceptibles ou les moins informés d'élever aucun doute sur la certitude de leur remboursement ;

Nous pensons que, non-seulement il faut laisser la Banque libre de régler, suivant les circonstances, le taux de son escompte ou l'intérêt de ses avances, mais qu'il faut que la liberté du taux de l'intérêt de l'argent devienne la loi générale ;

Nous pensons que si la Banque a légalement le droit de faire des avances sur dépôt de fonds publics, que si, en certains cas, et pour venir en aide au commerce dont les besoins lui sont exposés, il est utile qu'elle continue de se livrer à ces opérations, à titre exceptionnel, il faut néanmoins approuver hautement la voie de limitation dans laquelle elle est entrée ;

Nous pensons, enfin, qu'il est à désirer que la Banque puisse un jour renoncer à faire des avances sur des valeurs qui, par leur nature, n'ayant point d'échéance prochaine et déterminée, se rapprochent du caractère de l'immeuble ; qu'il est à désirer que la Banque se renferme dans l'escompte du papier à trois signatures, lequel puise sa raison d'être dans la création de produits mobiliers et commerciaux.

Metz, avril 1865.

MÉMOIRE DE M. JUSTIN WORMS.

Messieurs les Membres de la Chambre de commerce.

Messieurs,

Vous m'avez fait l'honneur de m'adjoindre à votre honorable vice-président, M. Emile Bouchotte, en qualité de délégué près le Conseil supérieur du commerce, dans l'Enquête du crédit ; je crois donc devoir vous exposer mes sentiments, mes opinions sur les matières qui font l'objet de l'Enquête ; d'abord, pour répondre à la confiance dont vous avez bien voulu m'honorer, ensuite, parce que ces sentiments, ces opinions, tout en rentrant dans le cadre des principes que vient de vous déduire, avec tant de force et d'autorité M. Emile Bouchotte, s'en écartent, cependant, dans quelque mesure et sur certains points de détail.

Je serai, d'ailleurs, très-bref : les considérations générales que M. Emile Bouchotte a développées, me permettant de passer rapidement sur les bases fondamentales du sujet.

§ 1er. — DES CRISES MONÉTAIRES.

Une crise s'est produite en 1864 ; l'argent s'est raréfié, il a haussé de prix, et l'on a vu, en pleine paix, au milieu de l'abondance des denrées alimentaires, l'intérêt s'élever jusqu'à 8 pour cent, et la Banque de France porter à ce taux anormal le prix de ses services ; de là, des étonnements, puis, des plaintes, et, enfin, des récriminations en tous sens contre l'établissement qui avait édicté la dure loi qu'à dû subir le commerce.

Aujourd'hui, que la tourmente est passée, il s'agit d'examiner froidement à quelles causes on doit l'attribuer.

Or, si l'on envisage les caractères de cette crise dans leur ensemble, on reconnaît immédiatement qu'elle a été générale, et qu'elle s'est répandue d'une manière à peu près uniforme sur l'Europe entière; toutes les nations commerçantes en ont subi les effets et accusé les atteintes; toutes ont manifesté un état de gêne et de souffrance qui s'est partout résolu en une hausse commune de l'intérêt.

D'où il suit que la cause de la crise n'est point une cause locale, et, pour ainsi dire, personnelle, mais une cause collective et européenne. Et, de fait, il est constant que, depuis dix ans, il s'est produit un mouvement commercial et industriel qui a excité et entraîné tous les peuples de l'Occident, et qui, après avoir mis en jeu toutes les forces vives des nations industrieuses, a, en vertu d'une sorte de vitesse acquise, dépassé les limites d'une sage et prévoyante circonspection. La France a été le pays initiateur, et, pour développer autour d'elle l'esprit d'entreprise, elle s'est vue poussée et contrainte à forcer ses moyens. Ainsi, des sociétés nombreuses se sont formées dans son sein qui ont, non-seulement activé les affaires nationales, mais aussi qui sont allées exploiter les marchés étrangers. Les créations de chemins de fer se sont succédé, les emprunts ont suivi, et le capital disponible attiré, disséminé de tous côtés, s'est trouvé, un jour, immobilisé dans des placements permanents, au détriment et au préjudice des transactions courantes et journalières, qui ont vu se déprimer et disparaître les ressources sur lesquelles elles avaient l'habitude de compter.

Cet amoindrissement du capital disponible s'est révélé

par la hausse de l'argent, et M. Emile Bouchotte vous a
fort bien expliqué quelle fonction importante remplit la
monnaie métallique dans les opérations commerciales,
comment tout déplacement du capital a pour effet et
pour signe la raréfaction des métaux précieux, et comment cette raréfaction détermine une élévation de l'intérêt.

Assurément tous les payements ne se sont pas faits
en or et en argent, et ce sont des produits qui, en dé-
finitive, ont couvert et éteint les dettes du commerce
français. Même il résulte des états de douane, que les
importations ont dépassé les exportations de 78 millions.

Mais ici il ne faut pas considérer seulement la fin,
mais se réplacer au milieu des circonstances et des faits;
et, à ce point de vue, le résultat final d'un surcroît
d'importation de 78 millions s'efface devant le mouvement total, qui s'est élevé à 655 millions à la sortie, et
733 à l'entrée. Or, le temps que cette quantité considérable de métaux précieux a mis à voyager, a été une
perte pour le commerce, et cette perte a été d'autant
plus sensible pour lui, que ses exigences, en cette matière, ont augmenté en proportion de l'accroissement de
ses opérations.

Il n'y a pas que le commerce étranger qui réclame de
l'or et de l'argent, les transactions intérieures en ont
aussi un besoin constant et impérieux, et tout ce qui est
employé aux échanges internationaux, fait défaut au
marché national. En temps ordinaire, le marché ne se
sent pas affecté de ces mouvements, auxquels il reste
indifférent; mais quand il est surchargé jusqu'à la limite
extrême de ce qu'il est capable de porter, le moindre
choc le fait plier et lui enlève son équilibre.

Le solde d'importation de 78 millions qu'accusent les

états de douane, ne peut donc avoir influé sur l'année 1864 ; c'est aujourd'hui, seulement, qu'il se fait sentir, et l'abaissement continu de l'escompte en est l'effet immédiat et légitime.

Toutefois, cet abaissement peut-il être considéré comme devant avoir une longue durée, et n'est-il pas dû, en grande partie, à la stagnation, à l'atonie qui suit toujours l'agitation fébrile d'une crise? Je l'ignore; mais, néanmoins, il faut convenir que la cause qui a amené la crise de 1864, continue d'exister, et continuera d'agir. Quand on voit les compagnies de chemins de fer, les gouvernements offrir un intérêt de 6 à 10 p. %, et même davantage, il n'est pas étonnant que le commerce trouve le capital rebelle et exigeant, et qu'il soit forcé de subir des conditions onéreuses.

On a accusé les sociétés anonymes de l'exagération du mouvement des capitaux; on a, d'un certain côté, voulu les rendre responsables de la crise, et on a proposé des mesures restrictives contre les valeurs étrangères.

Je repousse, pour mon compte, cette accusation, et surtout cette condamnation, qui serait contraire à la liberté du commerce. A la vérité, les sociétés anonymes, par leur constitution, par les nécessités de leur situation, sont prédisposées à exciter l'immobilisation, voire même l'émigration des capitaux; mais, à tout prendre, la richesse nationale ne peut que s'en ressentir favorablement, et, sauf quelques erreurs, qui proviennent moins d'elles que des intermédiaires à la suite et du public lui-même, il est à penser que la grande majorité des entreprises aura une fin favorable et heureuse.

Le temps les fera fructifier. Jusque-là, on ne peut se dissimuler que pour que le marché commercial reprenne son équilibre et son assiette, il faut que l'épargne ait reconstitué le capital mobile et circulant.

§ 2. — DE LA MONNAIE FIDUCIAIRE.

La nécessité de fortifier ce capital a été ressentie de tout temps et a donné naissance à la monnaie fiduciaire, dont l'objet et l'utilité sont de maintenir la circulation au niveau que comportent les besoins d'un pays. Or, comme ce qui détermine la hauteur de ce niveau, c'est la masse et le poids que doit supporter la monnaie dont fait fonction la monnaie fiduciaire, et que cette masse et ce poids sont en raison directe de ceux de la richesse, plus cette richesse augmentera, et plus devra s'accroître l'amplitude de la monnaie fiduciaire.

En ce sens, le développement de cette monnaie est indéfini; partout où un besoin légitime et sincère se fait sentir, elle doit lui donner satisfaction; mais comme, en fait, la monnaie fiduciaire ne représente aucune valeur intrinsèque et effective, et comme elle emprunte toute sa force à ce à quoi elle est appliquée, elle doit s'écarter, se retirer de tout ce qui est fictif ou aléatoire.

Jusqu'à cette limite, elle n'est bornée par rien et peut se déployer indéfiniment sur le champ du crédit. Au reste, elle ne s'y trouve pas seule, elle y rencontre des auxiliaires, tels que les compensations par comptes courants, les virements, les chèques et même le billet au porteur et à intérêt, tous moyens d'activer la circulation, qui sont excellents, en ce qu'ils soulagent la monnaie fiduciaire d'une partie de son fardeau et lui permettent de ménager ses forces. Ces moyens sont encore à l'état rudimentaire en France, mais l'impulsion est donnée et ils feront leur chemin au profit de la richesse publique.

§ 3. — DES CONDITIONS D'UNE BONNE MONNAIE FIDUCIAIRE.

Les conditions d'une bonne monnaie fiduciaire se résument et se fondent dans une seule, qui en est la plus haute expression, la convertibilité constante des billets de banque en espèces.

Si quelques doutes avaient pu s'élever à cet égard dans vos esprits, le travail de M. Émile Bouchotte les aurait définitivement, souverainement anéantis. En fait, personne ne réclame le cours forcé ; tout le monde comprend que le billet de banque n'est pas de la monnaie, mais un droit à de la monnaie, et qu'il perd sans retour les caractères qui le constituent et l'efficacité qu'on doit en attendre, le jour où il n'est plus qu'une promesse sans réalisation, qu'un signe sans chose signifiée.

La convertibilité en espèces est donc acceptée comme la maîtresse condition de la monnaie de papier ; mais on s'entend moins sur la question de savoir à qui doit être attribué le droit de l'émettre, soit à une banque unique, soit à plusieurs banques, tant générales qu'à circonscriptions limitées.

Chacun des deux systèmes a ses avantages et ses inconvénients, et les uns et les autres se manifestent diversement, suivant qu'on les considère sous le rapport de l'émission et sous celui de l'escompte, qui en est le corollaire logique et immédiat.

Sous le rapport de l'émission, il est facile de comprendre qu'une banque privilégiée, unique, fondée sur de solides et larges assises, étendant son action et ses forces tout autour d'elle, se ramifiant par des comptoirs sur le sol tout entier d'un pays, une banque dans ces conditions est le plus énergique agent d'émission qu'on puisse souhaiter et créer.

Il faut pour que le billet de banque se répande qu'il commande et violente, pour ainsi dire, la confiance de chacun. Ainsi que la monnaie, qu'il supplée, il faut qu'il porte comme une effigie qui écarte toute supputation et tienne lieu d'appréciation, de contrôle, et, pour ainsi parler, d'essai et de pesée. Or, à quelque puissance que parviennent des banques ou générales ou à circonscriptions limitées, il est permis de penser qu'elles ne pourront jamais conquérir un crédit aussi universel, aussi souverain qu'une banque d'État, jouissant d'un monopole reconnu et accepté par tout le monde. D'ailleurs, de banques générales il n'en peut guère être question, car, comment viendraient-elles à coexister, à vivre, à prospérer sur un même point? Il ne s'agit donc, en fait, que de banques à circonscriptions limitées, c'est-à-dire de banques cantonnées dans des espaces régionaux, relativement étroits, et dont les frontières multiples constitueraient comme autant de lignes de douane qui s'opposeraient au passage des billets de chacune d'elles d'une circonscription dans une autre.

Donc, l'émission générale se trouverait amoindrie, et le commerce perdrait une partie de son appui; d'autre part, étant données des banques de ce genre, et étant supposée une crise comme celle de 1864, voyons ce qui arriverait.

La raréfaction de l'or en amènerait la poursuite sur tous les points du territoire; chaque banque, attaquée dans son encaisse, se précipiterait sur les disponibilités du marché, et la concurrence en ferait hausser le prix au delà de toute limite.

Bien plus, les besoins, dans ce cas, augmenteraient en intensité; l'inégalité de solidité des diverses banques conduirait à des différences entre les proportions de l'encaisse et de la circulation de chacune d'elles, et ces différences tourneraient au détriment du public; car les banques les moins assises seraient forcées de parer au remboursement de la presque totalité de leurs billets, et le total des encaisses de toutes les banques devrait surpasser celui qui, en pareilles circonstances, est nécessaire à une seule banque, vigoureuse et indiscutée.

Dans ces conditions, on verrait les banques les plus faibles fléchir sous le poids des demandes, et chercher à se décharger sur leurs voisines, qui se trouveraient attaquées à leur tour. De là, une série de chocs; de là, enfin, des chutes; et la crise, se développant, s'aggravant, deviendrait, de monétaire qu'elle était, une crise de crédit d'où sortirait une perturbation générale et féconde en sinistres et en ruines.

Voilà, en ce qui concerne l'émission. Quant à l'escompte, il n'en va plus tout à fait de même, et, ici, le système de la pluralité des banques reprend un certain avantage.

Et d'abord, et avant tout, il y a celui qui découle de toute concurrence, c'est-à-dire le bon marché des services, c'est-à-dire, dans l'espèce, l'abaissement de l'intérêt.

Je ne m'arrête pas à ce résultat, qui est surabondamment démontré par l'expérience, et je passe à un autre point, qui est plus délicat, et qui touche plus intimement aux conditions particulières de l'escompte.

En effet, il y a cette différence essentielle entre l'escompte et l'émission que, tandis que celle-ci est une opération simple, sommaire, qui s'adapte d'un seul coup à tous les besoins, à toutes les exigences, l'escompte est d'une nature plus complexe, plus diverse, plus ondoyante, et doit se prêter à une foule de circonstances qu'il est impossible de déterminer et de réglementer à l'avance.

Il y a là engagées des questions de personnes qu'il faut examiner et résoudre de près, et, pour ainsi dire, face à face. Or, des banques régionales, placées au milieu des populations qu'elles sont appelées à desservir, ont une aptitude plus prononcée à se conformer, à se plier à leurs habitudes et à leurs nécessités. Elles font corps avec elles, s'imprègnent des mêmes éléments, et, comme elles ont leurs racines dans le sol même sur lequel elles sont établies, elles pénètrent dans les couches les plus éloignées, et plongent dans les profondeurs les plus réfractaires.

Une banque unique, placée au centre, et agissant en dehors d'elle-même par des succursales, ne peut jamais contracter une adhérence aussi complète, une intimité aussi familière avec les populations. Elle est forcée de procéder par règlements généraux, et d'édicter un code unique pour le pays tout entier. Or, ce qui est excellent au centre, au nord, à l'est, peut devenir nuisible au midi, à l'ouest. Quelle que soit l'indépendance des directeurs et des conseils d'administration locaux, ils sont nécessairement tenus de se conformer aux ordres de la Banque mère, et l'intérêt de leur propre situation les pousse à dégager leur responsabilité personnelle; de sorte que, en fait, il arrive bientôt que le crédit de toute une nation va se centraliser sur un point unique, et se trouve déplacé de sa base, et même faussé dans son action, car la multiplicité des affaires, la masse toujours croissante des valeurs, amènent fréquemment une sorte de confusion, si bien que la Banque centrale, écrasée sous le faix, perd cette sûreté de vues, cet esprit de suite qui sont les éléments indispensables en matière de crédit.

Tels sont, à mon sentiment, les avantages et les inconvénients des deux systèmes de banque qui sont en présence devant l'opinion publique et devant l'Enquête; les conclusions qu'il faut tirer de tout ce qui précède viendront plus en leur temps quand nous aurons examiné l'organisation et le fonctionnement de la Banque de France.

§ 4. — DES ÉTABLISSEMENTS QUI ÉMETTENT DES MONNAIES FIDUCIAIRES.

Le système de l'unité des banques a trouvé sa plus complète personnification dans la Banque de France. Cet établissement, abrité par son monopole et conduit avec une sagesse indiscutable, est aujourd'hui le plus puissant instrument d'émission qui existe en Europe et dans le nouveau monde.

Ses billets sont reçus partout; ils circulent sans obstacle sur toute l'étendue du territoire, et n'ont aucun besoin du cours légal, puisque les caisses publiques les reçoivent même de préférence à l'or et à l'argent.

En outre, leur clientèle s'augmente et s'élargit chaque jour, et la faculté que possède la Banque d'en émettre indéfiniment, lui permet de répondre à tous les besoins.

Aussi, est-il constant que la Banque de France remplit toutes les conditions à exiger d'une banque d'émission, et que son organisation est préférable à celle de la Banque d'Angleterre, qui est limitée dans sa circulation; et à celles des banques des États-Unis, qui ne sont, à proprement parler, que des banques de dépôts.

La séparation du département de l'émission d'avec celui de l'escompte, n'ajouterait rien aux forces de la Banque; cette distinction, qui se comprend en Angleterre, où l'escompte est subordonné à l'émission, n'aurait en France aucune valeur et ne serait qu'affaire de comptabilité.

Là n'est point le côté essentiel du sujet; il est plutôt dans la réunion des deux fonctions dans une seule main, réunion qui a paru fâcheuse à quelques esprits, et qui a fait naître la pensée de distraire le service de l'escompte de celui de l'émission, et d'attribuer l'un et l'autre à différents établissements.

Assurément, si les considérations que j'ai développécs dans le paragraphe précédent sont empreintes de quelque vérité, le système de crédit qui réaliserait le plus complétement l'idéal qu'on peut s'en faire, celui qui réunirait les avantages d'une banque unique à ceux de la pluralité des banques, en même temps qu'il en éviterait les inconvénients; ce système, dis-je, consisterait à monopoliser l'émission seulement, et à abandonner l'escompte exclusivement à des banques libres.

Mais ce n'est là qu'un idéal, qui doit être considéré comme un objectif théorique et qui se refuse à passer dans le domaine de la réalité. Il faut, en effet, que le billet de banque aille au papier de commerce, et comme on ne peut jeter de pont entre la banque d'émission et les banques d'escompte, il faut qu'il y aille directement et immédiatement.

En France, les choses se passent ainsi; la Banque, en même temps qu'elle est en possession du monopole de l'émission, est aussi, en fait, l'unique escompteur, car les banquiers privés ne font, pour ainsi dire, que graviter autour de la Banque, et ne subsistent que grâce aux ressources qu'ils en tirent; le papier de tout le commerce français va se concentrer dans son portefeuille, soit par la Banque mère, soit par les succursales, et l'on peut affirmer que le crédit de la France entière est entre les mains d'un seul établissement.

Certainement, il est entre bonnes mains; la Banque, on doit le déclarer bien haut, use de son monopole avec une modération et une bienveillance pour ainsi dire paternelles; elle distribue le crédit largement, libéralement; elle ouvre sa caisse à tous ceux qui ont droit à son appui; mais, au milieu de tout ce mouvement d'affaires dont elle est le centre et le levier, il est presque impossible qu'il ne se produise pas des erreurs dans les deux sens.

Le remède à cette excessive concentration est difficile
à indiquer; néanmoins, si nous jetons les yeux sur
l'Angleterre, dont les leçons en matière de crédit
sont toujours dignes d'attention, nous y verrons que
si, d'une part, la Banque d'Angleterre est en possession, sinon en droit, au moins à peu près en fait, du
monopole de l'émission, l'escompte s'y pratique par une
quantité considérable de banques très-solides et très-
puissantes, qui opèrent au moyen des dépôts qu'elles reçoivent et des fonds qu'elles centralisent et font fructifier.

Il faut imiter nos voisins, et ceci est l'affaire plutôt de
tout le monde que des pouvoirs publics; il faut attirer les
capitaux stériles autant qu'il en peut encore rester et les
lancer dans la circulation commerciale; le mouvement,
d'ailleurs, est commencé, l'impulsion première est donnée;
quelques établissements, dans le genre des banques
anglaises, se sont formés et ont conquis une certaine
importance; ainsi le Crédit industriel, la Caisse des dépôts, le Crédit lyonnais. Il est à souhaiter vivement que
ces établissements se multiplient en nombre et en puissance et qu'ils arrivent à soulager la Banque, et l'aident
à supporter la charge qui lui est imposée.

Cette charge est déjà lourde, même à Paris, où la
Banque est dans les conditions les plus normales; mais
c'est surtout dans les succursales qu'elle se fait le plus
sentir.

Depuis quelques années, les succursales ont pris dans
les opérations de la Banque une très-large place; sur
7 milliards 900 millions qui représentent, en 1864, le
total des affaires de la Banque, 4 milliards 427 millions,
c'est-à-dire plus de la moitié, proviennent des succursales.

Or, on ne peut dissimuler que si elles sont un élément
de force quant aux résultats, si elles aident puissamment
à l'émission et attirent une grande quantité de valeurs,

d'un autre côté, elles absorbent une partie notable des ressources de la Banque et compliquent ses rouages et son mécanisme.

Chaque jour la Banque escompte en cinquante endroits différents, chaque jour elle paye par cinquante guichets et opère, en un mot, sur cinquante points de la France ; bientôt, quand les succursales projetées auront été créées, ce sera sur quatre-vingt-dix.

Or, toutes ces succursales n'agissent que sous l'impulsion de la Banque centrale, et comme les forces matérielles et morales de celle-ci sont limitées, ainsi que tout ce qui est humain, elles pourront quelque jour se trouver au-dessous de ces nécessités, nécessités dont il est dès lors urgent de diminuer l'énergie en modifiant les conditions dans lesquelles se meuvent les succursales, et les règlements en vertu desquels elles travaillent.

D'une part, en effet, elles sont reliées à la Banque centrale par des liens trop étroits, trop serrés, qui paralysent leur indépendance ; d'autre part, elles sont trop isolées les unes des autres et auraient besoin de se prêter un mutuel appui.

Dans l'état actuel, le réseau des succursales forme comme une série de rayons qui vont converger au centre où ils puisent leur lumière et leur chaleur ; il s'agirait de combler les intervalles qui les disjoignent, et, au courant qui va de la périphérie au centre, en ajouter un autre qui unirait les divers points de la périphérie les uns aux autres.

Il y a là des détails d'organisation dans lesquels je ne puis entrer faute de compétence et de temps. Qu'il me suffise de signaler la lacune et, comme moyen de la combler, de souhaiter que les succursales correspondent entre elles directement et qu'on leur attribue des droits d'initiative plus étendus, sauf à leur créer des devoirs corrélatifs.

Sous la réserve de ce qui vient d'être dit, et qui n'est d'ailleurs pas affaire de statuts, mais de réglementation intérieure, je ne vois pas quelles modifications il y aurait lieu d'apporter au régime général de la Banque.

Limiter l'émission des billets ou refuser des bordereaux serait entraver l'escompte et porter un coup dangereux au commerce; graduer l'intérêt suivant les échéances ne profiterait qu'aux intermédiaires.

Quant au nombre de signatures que la Banque doit exiger, il me paraît encore que ce qui existe aujourd'hui est basé sur les vrais principes et n'est susceptible d'aucune modification utile.

Il est vrai que deux signatures sont, théoriquement, une garantie très-suffisante; mais l'appréciation des valeurs de ce genre devient plus difficile pour la Banque et surtout plus éventuelle pour le présentateur. Ouvrir la porte aux effets à deux signatures serait se mettre dans le cas de la refermer fréquemment sur un grand nombre de négociants et donner carrière à une multitude de rejets. Puisqu'il faut une limite précise, absolue, mieux vaut qu'elle soit applicable à la généralité des circonstances et qu'elle ait un caractère de certitude qui soit appréciable pour tous les intéressés.

§ 5. — DU FONCTIONNEMENT DE LA BANQUE.

La crise de 1864, l'élévation notable de l'intérêt, ont donné lieu à des discussions très-vives sur l'opportunité, sur la nécessité de cette élévation, et, en traitant du fonctionnement de la Banque, on a été conduit à examiner les questions relatives à la proportion qui doit exister entre l'encaisse et l'émission, au rôle du capital de la Banque dans ses opérations, et, enfin, à l'influence qu'exercent sur sa situation, et les rentes qu'elle possède, et les avances qu'elle fait sur dépôts de titres. Ce sont ces questions qu'il me reste à résoudre.

Une banque d'émission doit, comme toute banque en général, posséder un capital, un portefeuille et un encaisse. Ces trois éléments réunis, garantissent et assurent le remboursement de ses billets par le moyen de leurs forces collectives, mais, cependant, à divers degrés : les deux premiers, le remboursement intégral et définitif, le dernier, le remboursement immédiat et instantané.

L'encaisse est donc le point le plus saillant à considérer, et, l'important est de déterminer quelle en doit être la proportion eu égard à l'émission, ce qui devient assez difficile à établir, en raison des circonstances, toujours variables, dans lesquelles peut se trouver une banque d'émission. Ainsi, quand les billets ne se présentent pas au remboursement, l'encaisse, ne jouant plus un rôle actif et journalier, peut, sans danger, être largement réduit; quand, au contraire, l'or est recherché, et que la Banque est en butte à des demandes réitérées, l'encaisse doit regagner un niveau plus élevé. On a admis, jusqu'à présent, qu'une banque est obligée d'avoir toujours en caisse le tiers de sa circulation, et il semble que cette proportion soit plus que suffisante pour toutes les éventualités. Quelle que soit l'énergie de la demande, les billets mettent du temps à arriver aux guichets; le portefeuille vient à échéance; l'or, lui-même, retourne à la banque après quelques circuits, et chaque jour apporte des ressources pour parer, au moins en partie, aux réclamations. En affaire de crise, il faut gagner du temps, il faut louvoyer, il faut aménager l'encaisse de façon à le tenir toujours prêt, toujours disponible. Il faut, quand il est disséminé sur plusieurs points à la fois, le concentrer sur ceux qui sont les plus attaquables, et dégarnir ceux qui sont en dehors du mouvement. Il faut, en un

mot, sacrifier quelques ports d'espèces, et c'est ce que
la Banque ne fait pas toujours, retenue, à ce qu'il semble,
par un esprit de circonspection et d'économie qui n'est
plus de mise dans les jours d'agitation et de lutte. Il faut
encore, et en tout temps, épargner sur la circulation,
la réduire autant que possible, et supprimer les mouvements parasites et stériles. En ce sens, je crois opportun
de signaler l'utilité des virements de succursales à succursales, et, j'ajoute, des virements gratuits. Tous les
jours, la poste transporte des quantités considérables de
billets que le commerce adresse de place en place, soit,
comme la Banque n'émet de mandats que de Paris sur
les succursales, et réciproquement, pour éviter le circuit
de Paris ou pour économiser la commission, si minime
qu'elle soit, que la Banque prélève sur ces mandats. Les
billets, employés à ce service particulier, flottent, pour
ainsi dire, à la surface de la circulation sans y pénétrer,
et chargent inutilement le total des engagements de la
Banque. En autorisant les virements gratuits, ces billets
rentreraient dans les mains de la Banque et lui permettraient
de diminuer son encaisse dans une certaine mesure.

Ce ne sont là que des moyens indirects, des palliatifs,
j'en conviens; mais de moyens directs et radicaux pour
accroître son encaisse, la Banque n'en possède pas; elle
n'a rien pour battre monnaie; elle n'a que son crédit,
ses billets; et si, comme elle a déjà fait, elle tentait de
s'en servir pour acheter de l'or, il arriverait de nouveau
que son vendeur, ou plutôt son prêteur d'aujourd'hui,
deviendrait demain son acheteur, son créancier, et lui
reprendrait au pair ce qu'il lui aurait vendu la veille avec
prime.

En pareille occurrence, la Banque ne peut donc rien
que hausser son escompte, c'est-à-dire décourager les
demandes, et, en même temps, appeler, par l'appât de

l'intérêt élevé, les capitaux oisifs ou détournés, à coopérer avec elle à l'alimentation du commerce.

Sans doute, la hausse de l'intérêt a des résultats fâcheux; mais, en somme, ce n'est, pour le négociant solvable, qu'une question de frais généraux; et, pourvu que l'escompte ne lui fasse pas défaut, pourvu que la Banque ne lui rejette pas ses bordereaux, il s'arrange pour passer la crise, et il la passe victorieusement, ainsi qu'on l'a vu en 1864, où le crédit n'a pas souffert, où les faillites ont été relativement rares, si bien que le mal s'est réduit à une diminution de profits pour le commerce, diminution, d'ailleurs, de peu d'importance.

Il faut donc en prendre son parti et payer le capital à son prix, comme on fait du blé, du fer, du coton et de toutes les denrées, de tous les produits de première nécessité. Le marché du capital est, comme tous les autres, soumis aux lois de la demande et de l'offre, et le prix s'en règle d'après les proportions qui se produisent entre ces deux facteurs souverains.

Personne ne peut rien sur la fixation de ce prix, pas plus la Banque que tout autre particulier. Le mouvement est en dehors d'elle; elle ne fait qu'en recevoir l'impulsion, et elle ne peut se soustraire aux effets du courant qui la presse. Elle ne décrète pas le cours de l'argent, elle l'accepte, le constate; rien de plus, rien de moins. Elle ne peut ni prévenir les variations de l'intérêt, ni les renfermer dans de certaines limites; la chose serait en son pouvoir, elle devrait encore s'en abstenir. Quand les circonstances déterminent l'élévation de l'escompte, il est de son devoir de s'y conformer; et, cela, dans l'intérêt même du commerce, car la hausse de l'intérêt est toujours l'indice, le signe, le résultat d'une situation tendue, de l'abus exagéré des forces productives et commerciales; c'est le symptôme d'un mal qui se déclare et qu'il est temps d'arrêter; et, dès lors, il ne faut rien dissimuler, rien cacher, afin que chacun sache que des fautes ont été commises, et que le moment est venu de s'amender.

Mais, dit-on, ces signes précurseurs d'un trouble industriel, ces symptômes de perturbation économique, sont plus ou moins sérieux, plus ou moins empreints de gravité, et la Banque peut et doit les ressentir différemment, suivant les conditions de son organisme; selon qu'elle sera plus ou moins forte et résistante, elle aura une tendance à s'en affecter plus ou moins, et, partant, à en amortir ou à en forcer les effets. Or, ajoute-t-on, la Banque n'a pas de capital effectif; celui qu'elle possède est immobilisé tout entier dans des placements en rentes sur l'Etat; elle n'opère donc qu'avec son crédit, avec ses billets; et il en résulte qu'elle n'a pas, en elle-même, assez de moyens de résistance pour supporter les plus faibles assauts, qu'elle perd l'équilibre au moindre mouvement, et se jette aussitôt dans un système de défense outré, inopportun, fatal aux affaires, au commerce et à l'industrie.

Ces objections ne manquent pas de quelque fondement, et il faut reconnaître que la Banque peut, ici, jusqu'à un certain point, prêter le flanc à la critique. Dans toute crise, en effet, il y a, je l'ai déjà énoncé plus haut, une appréciation de circonstances d'une nature assez délicate. Il faut distinguer, saisir, sentir même la juste limite, et se tenir également entre les écarts de la témérité et les exagérations de la prudence. Or, la Banque de France, par habitude et par tempérament, est moins portée à pécher dans le second sens. Que la Banque d'Angleterre élève son escompte, et aussitôt elle prend peur, voit déjà son encaisse envahi et le barricade au moyen d'une hausse analogue, en vertu de ce qu'on appelle la solidarité des banques; principe assurément vrai, au fond,

mais dont on force souvent les conséquences. Sans con-
tredit, il y a solidarité entre les banques comme il y a
solidarité entre les nations commerçantes qui opèrent
ensemble, et il arrive fréquemment qu'une crise, dès
qu'elle se déclare sur un point de l'Europe, a son contre-
coup sur plusieurs autres, si bien que les banques qui
les desservent se trouvent affectées des mêmes causes,
subissent les mêmes effets. Mais, hors ce cas, les banques
sont indépendantes les unes des autres et sont, d'ailleurs,
suffisamment couvertes contre les invasions étrangères,
par les difficultés onéreuses qui chargent les arbitrages
d'un pays à un autre. Il faut, en effet, payer des com-
missions, des ports d'espèces, subir des risques de change,
toutes choses que je n'évalue pas à moins de 1/2 pour
cent pour trois mois, soit 2 pour cent par an, et qui
élèvent ainsi une barrière qu'on peut rarement franchir,
car un écart de 2 pour cent entre le taux de l'escompte
de la Banque de France, et celui, par exemple, de la
Banque d'Angleterre, est assez anormal et ne se présente
pas souvent.

Quoi qu'il en soit, cet écart me paraît suffisant pour
protéger et rassurer la Banque, et il est juste d'ajouter
que, dans ces derniers temps, elle-même a paru le reconnaître, de sorte que la question semble à peu près
jugée définitivement.

Il n'en est pas de même de celle de l'immobilisation
du capital en effets publics, et il n'appartient pas à la
Banque de la résoudre d'elle-même, puisque l'état de choses
actuel lui a été imposé par une loi qui paraît avoir été
basée sur ce principe, que le capital d'une banque
d'émission doit être un élément non d'opération, mais
seulement de garantie.

Il m'est difficile d'accepter cette doctrine, et je m'en
réfère à ce qui vous a été dit à cet égard par l'honorable

M. Bouchotte. Je crois, avec lui, que le capital de la Banque doit être pour elle une force susceptible d'être appliquée à ses affaires, et qu'il doit contribuer à lui donner plus de surface et de profondeur, afin de lui permettre de résister plus énergiquement aux crises qui peuvent se produire. Que, dès lors, la Banque soit autorisée à vendre ses rentes, ou qu'elle prenne le parti d'émettre de nouvelles actions, ce qui reviendra au même, il ne peut ressortir de l'une ou l'autre de ces mesures, qu'un avantage évident pour elle-même et pour le commerce.

Aussi je me joins à votre honorable vice-président, pour émettre le vœu que la Banque augmente ses ressources. Je suis moins d'accord avec lui sur le dernier point qu'il me reste à traiter : sur les prêts contre dépôt de titres; et j'ai le regret d'être contraint à me séparer de lui dans la solution de cette importante question.

On ne peut s'empêcher de convenir que l'intérêt de la richesse publique exige que, en présence d'un stock de valeurs qui va de 20 à 30 milliards, il existe un établissement quelconque qui donne aux détenteurs la faculté de trouver, en tous temps, des ressources, de l'argent au moyen de leurs titres.

Il y aurait une coupable imprudence à laisser sans appui, sans soutien, un marché aussi étendu que l'est le marché français, et à le priver des étais qui l'aident à supporter le fardeau qui lui incombe.

Or, est-il possible de créer une banque à qui serait exclusivement confié le service des avances sur valeurs? Une banque, dans ces conditions, ne pourrait jamais émettre de billets remboursables à présentation, car les engagements des emprunteurs n'ont pas un caractère d'exigibilité qui suffise à assurer l'alimentation constante de l'encaisse, et, sans le droit de frapper des billets,

qu'est une banque, et à quoi aboutit-elle ? sinon à une
stérilité précoce et presque immédiate !

Parvînt-on à fonder et à faire vivre une banque de ce
genre, il s'agirait encore de faire participer à ses bien-
faits la province, qui a aussi ses droits et ses exigences,
et l'on peut affirmer sans témérité que la plupart des
succursales de la banque que nous supposons ne feraient
pas même leurs frais.

Il n'y a donc que la Banque de France qui soit orga-
nisée de façon à se charger de ce service, qui, d'ailleurs,
ne lui fait courir aucun danger. Le gage est certain,
indiscutable ; les rentrées se font, sinon exactement, au
moins assez périodiquement pour rassurer contre une
immobilisation permanente, et au pire, la Banque est
armée d'un droit d'exécution facile, sommaire, et même
plus radical et plus expéditif qu'en matière d'effets de
commerce.

A tout prendre, au reste, si les avances sur titres
présentent quelques inconvénients, et si on ne doit pas
les faire entrer comme appoint dans les ressources des-
tinées à parer au remboursement des billets, tout au
moins peut-on les tenir pour une réserve, pour une
garantie, et puisque l'on veut que la Banque de France
possède des rentes pour la sécurité de ses créanciers,
le mieux est qu'elle les possède à titre de gage, et que le
public, que le marché y trouvent leur compte.

Le commerce a tort de se plaindre et de prétendre que
ces avances pèsent sur la Banque et affaiblissent ses moyens
d'action. Tout d'abord, il faut proclamer que la Banque
n'appartient pas au commerce, mais à tout le monde, et
que personne n'a le droit de s'attribuer le monopole de
ses services. Ensuite, le commerce lui-même doit comprendre qu'il profite indirectement, mais virtuellement
des prêts qui sont faits aux particuliers. Ces prêts aug-

mentent la masse du capital disponible et activent la circulation; dès qu'un écu, dès qu'un billet arrivent sur le marché français, ils vont au commerce, qui s'en ressent d'une manière avantageuse. Peu importe que cet écu, que ce billet prennent ou le canal commercial, ou le canal civil; bientôt, et inévitablement, ils arrivent au bassin commun où va puiser le commerce dont l'intérêt veut que ce bassin soit le plus large et le plus riche que possible.

Je professe donc cette opinion que la Banque doit conserver le service des avances sur titres, et j'ajoute qu'il est souhaitable qu'elle le pratique libéralement, sincèrement, en temps de crise comme en temps de calme. J'émets en outre le vœu qu'elle supprime la surcharge qu'elle fait subir à cette sorte d'opération et même qu'elle abaisse, à l'instar de la Banque d'Angleterre, jusqu'à trois jours le minimum de durée et d'échéance qui, pour ces avances, est fixé aujourd'hui à quinze jours.

RÉSUMÉ ET CONCLUSIONS.

Le cercle que je viens de parcourir rapidement comprend, à très-peu près, toutes les questions qui sont formulées dans le programme de l'Enquête, et je n'ai plus, pour achever ma tâche, qu'à déduire la conclusion sommaire des considérations que j'ai eu l'honneur de vous exposer.

A mon sens donc, si, d'une part, la pluralité des banques présente des avantages sérieux au point de vue de la pratique de l'escompte, ce système est défectueux sous le rapport de l'émission et contraire à la solidité du crédit.

En conséquence, j'estime qu'il faut renoncer à le recommander, et que le monopole de la Banque de France doit être maintenu en principe, les inconvénients qu'il offre étant rachetés, et au delà, par les avantages qui en découlent.

Je pense encore que la Banque agit sainement quand elle hausse l'intérêt de son escompte dans les moments où le capital se raréfie, et que c'est pour elle le seul moyen direct et radical de conserver son encaisse dans des conditions régulières.

Je pense, enfin, que la Banque doit ou mobiliser ou augmenter son capital, et que les avances sur valeurs doivent continuer à ressortir de son domaine, pour être pratiquées par elle conformément aux besoins du public.

En un mot, les bases théoriques sur lesquelles repose l'organisation de la Banque, me paraissent dictées par la saine raison. Son fonctionnement a plutôt besoin d'être modifié et amélioré; selon moi, la Banque peut et doit déployer dans sa manière d'agir, un certain esprit de décision, et, pour ainsi dire, d'intrépidité, qui lui fait généralement défaut; elle doit, en outre, réformer quelques détails de son organisation intérieure, surtout en ce qui regarde les succursales, qui me paraissent réclamer plus d'indépendance vis-à-vis de la Banque mère, et, en même temps, une union plus intime entre elles.

A ces conditions, la Banque de France pourra, sinon réaliser l'idéal d'un système parfait de crédit, au moins s'en rapprocher autant qu'il est possible à un monopole.

Le monopole, en effet, traîne toujours après lui certains défauts, certaines entraves; celui de la Banque, par la nature des choses, a, plus que tout autre, un caractère absolu devant lequel il faut s'incliner, mais qu'on ne peut s'empêcher de constater. La Banque n'a pas, comme les autres monopoles, de contrôle en dehors d'elle-même; ses décisions, ses arrêts sont souverains et sans appel; et si, pour les faits généraux, tels que la quotité de l'émission, le taux de l'escompte, l'opinion publique lui est une sorte de contre-poids, dans le détail, dans le menu de ses opérations, il n'en va plus de même.

En principe, il en doit être ainsi ; et cependant il est permis de regretter que celui qui se croit en droit de réclamer contre telle ou telle mesure, de quelqu'ordre que ce soit, ne puisse faire entendre sa voix.

Cette considération me suggère la pensée qu'il serait peut-être utile d'adjoindre au conseil de la Banque, une espèce de conseil de censure indépendant, composé de certains représentants du commerce, tels que les Présidents du tribunal et de la Chambre du commerce de Paris, et autres délégués analogues ; lesquels auraient pour mission de recevoir les plaintes, les observations, de les examiner et de les renvoyer à la Banque, ainsi que fait le Sénat à l'égard des pétitions des citoyens.

Sans exagérer l'efficacité probable de cette innovation, on doit reconnaître qu'elle aurait, au moins, cet avantage, de faire rentrer la Banque dans les conditions de tous les pouvoirs, qui, sans exception, quoiqu'à divers degrés, sont soumis, sous une forme ou sous une autre, à la critique des intéressés. En outre, elle rendrait, pour ainsi dire, permanente, l'Enquête actuellement en cours, et en développerait les résultats et les fruits.

ENQUÊTE

SUR

LES PRINCIPES ET LES FAITS GÉNÉRAUX

QUI RÉGISSENT

LA CIRCULATION MONÉTAIRE ET FIDUCIAIRE.

---

§ 1er. — DES CRISES MONÉTAIRES.

1. Quelles ont été les causes de la crise monétaire de 1863-1864?

2. Quelles analogies et quelles différences cette crise a-t-elle présentées avec les crises antérieures?

3. Les crises monétaires tendent-elles à devenir plus fréquentes? Tendent-elles à devenir plus générales?

4. Quelles sont, dans un pays, les causes régulatrices du taux de l'intérêt?

5. Quelles sont les causes qui ont agi depuis dix ans sur le cours des métaux précieux?

6. Quelles sont les causes qui ont pu récemment réduire la disponibilité des capitaux?

5

7. Y a-t-il eu ralentissement dans la formation des épargnes ou mauvaise direction donnée à ces épargnes?

8. Y a-t-il eu insuffisance de capitaux ou excès d'entreprise?

9. La constitution de plusieurs sociétés de crédit, sous forme de sociétés anonymes, a-t-elle exercé de l'influence sur les embarras monétaires?

10. L'existence et l'organisation de ces sociétés sont-elles de nature à éloigner ou à rapprocher les causes de crise?

11. Quelle influence a exercée sur le marché intérieur la participation des capitaux français aux entreprises étrangères?

12. Quels avantages ou quels inconvénients présente la cote, à la Bourse de Paris, des valeurs étrangères et des emprunts étrangers?

13. Quel a été, depuis dix ans, le mouvement d'entrée et de sortie des métaux précieux?

Y a-t-il des indications qui permettent de compléter les renseignements recueillis par l'Administration des Douanes?

14. Le déplacement du numéraire a-t-il lieu dans de fortes proportions?

15. Quelles opérations donnent lieu à ce déplacement? Exerce-t-il une influence sensible sur les transactions et sur le loyer de l'argent? Existe-t-il des moyens de détruire ou de limiter cette action?

§ 2. — DE LA MONNAIE FIDUCIAIRE.

16. Quelle est l'utilité de la monnaie fiduciaire?

17. Le rôle de cette monnaie tend-il à devenir plus important?

18. Est-ce par les émissions de billets au porteur et à vue, ou à l'aide des compensations par virements, comptes courants, chèques, etc., que le crédit tend à se développer?

19. L'emploi de la monnaie fiduciaire peut-il prendre un développement indéfini? Si non, dans quelles limites doit-il être renfermé?

§ 3. — DES CONDITIONS D'UNE BONNE MONNAIE FIDUCIAIRE.

20. A quelles conditions l'emploi de la monnaie fiduciaire est-il sans inconvénients?

21. La convertibilité constante des billets est-elle indispensable?

22. L'unité du billet de banque en favorise-t-elle la circulation?

23. Quels sont les inconvénients et les avantages de la pluralité des banques, soit générales, soit à circonscription limitée?

§ 4. — DES ÉTABLISSEMENTS QUI ÉMETTENT DES MONNAIES FIDUCIAIRES.

24. La Banque de France satisfait-elle à toutes les conditions à exiger d'une banque d'émission; si non,

quelles modifications seraient désirables dans son organisation ?

25. Quels avantages ou quelle infériorité présente l'organisation de la Banque de France, relativement à l'organisation et au régime des banques, soit d'émission, soit de dépôt, des autres pays, notamment des banques d'Angleterre, des États-Unis, de Hambourg et de Hollande?

26. Y a-t-il intérêt ou inconvénient à séparer le département de l'émission et celui de l'escompte?

27. Le cours légal, tel qu'il existe en Angleterre, s'il était attribué aux billets de la Banque de France, aurait-il pour effet d'en mieux assurer la circulation?

28. Quel nombre de signatures une banque doit-elle exiger pour sa sécurité?

29. L'émission des billets doit-elle être limitée? Convient-il de proportionner l'émission à l'encaisse ou au capital?

§ 5. — DU FONCTIONNEMENT DE LA BANQUE.

30. A quel niveau doit être maintenu l'encaisse de la Banque pour assurer la convertibilité des billets?

31. Quels sont les causes qui tendent à diminuer ou à augmenter l'encaisse et les moyens à employer pour en maintenir le niveau?

32. Quel est le rôle et quelle est la destination du capital de la Banque? Le capital doit-il être accru? Quels seraient les effets de cet accroissement?

33. La Banque devrait-elle aliéner, en totalité ou en

partie, les rentes qu'elle possède? Quels seraient les effets de cette aliénation?

34. Le capital des banques d'émission doit-il, en général, être un capital de garantie ou peut-il être employé utilement dans les affaires de la Banque?

35. Quels sont, pour les banques d'émission, et spécialement pour la Banque de France, les avantages et les inconvénients des avances sur dépôt?

36. L'élévation de l'escompte est-elle le seul moyen efficace de maintenir ou de reconstituer l'encaisse?

37. Est-il possible de prévenir les variations de l'escompte ou de les renfermer dans de certaines limites?

38. Est-il possible d'imposer à une banque privilégiée un taux fixe d'escompte ou même un maximum?

39. Quels sont les avantages et les inconvénients des petites coupures, notamment au point de vue de la conservation de l'encaisse?

40. Quel est celui des moyens suivants de défendre l'encaisse qui présente le moins d'inconvénients pour le commerce : élever le taux de l'escompte, refuser un certain nombre de bordereaux, graduer le taux de l'escompte d'après les échéances?

41. Le développement actuel des relations internationales entraîne-t-il une certaine solidarité entre les encaisses de toutes les banques d'émission?

42. Quelles sont les conséquences de cette solidarité? Est-il possible de la faire cesser ou de la restreindre?